PRISIÓN PREVENTIVA EN MÉXICO:

UNA MIRADA PRÁCTICA

POR:

Mtro. en Derecho Ricardo Garduño Pasten
(Magistrado de Circuito)

Prólogo: Mtro. David Quijano Aguirre
(Abogado postulante)

Agradecimiento especial:

* A DIOS, mis padres Virginia y Tolentino, así como a mi Yiya y tío Gume, por darme la oportunidad de cambiar el mundo que probablemente me correspondía.

* A IUSTEC, por creer en mí y darme la oportunidad de dialogar con su foro de estudiantes sobre el tema de la prisión preventiva, que generó el compromiso de escribir este documento.

* A quienes compartieron comentarios, experiencias y el deseo de un México mejor:

Magistrado Arturo Morales Serrano
Licenciada Ana Laura Garibo García
Licenciada Alejandrina López Apodaca
Licenciada Esthela Paloma Ramírez Paz
Licenciada Gigliola Taide Bernal Rosales
Licenciado Guillermo Pérez García
Licenciado Oscar Jesús Segundo Suárez

* A quienes en silencio resintieron el tiempo que emplee en la elaboración de esta humilde obra.

Índice

Prólogo

El Magistrado Ricardo Garduño Pasten jurista de carrera judicial experto en la materia penal, derivado de su experiencia profesional como juzgador y la dedicación de muchas horas de estudio, nos brinda esta magnífica obra literaria que permite conocer de manera integral la figura de la prisión preventiva en México.

El autor desde una perspectiva práctica facilita el entendimiento de la medida cautelar de la prisión preventiva prevista en el sistema jurídico mexicano, desde la reforma de justicia penal en el año dos mil ocho, con la implementación del sistema acusatorio, adversarial y oral.

También, permite conocer en qué consiste la prisión preventiva oficiosa y justificada, la mutabilidad de las resoluciones que las imponen, los sujetos que tienen legitimación para solicitar su revisión, la temporalidad para ello, y la competencia de los jueces a los que corresponde su conocimiento, entre otras particularidades.

En el caso de la prisión preventiva oficiosa destaca jurisprudencia internacional emitida por la Corte Interamericana de Derechos Humanos en la que se determina que es inconvencional, que contrasta con la jurisprudencia nacional que la considera constitucional; razonando acerca de la inmutabilidad de esta última y la responsabilidad penal en caso de inacatarla; citando algunos criterios de Tribunales Federales en los que se arribó a la conclusión de la inconvencionalidad de la prisión preventiva oficiosa.

En relación a la prisión preventiva justificada el autor indica la base constitucional y señala que no existe declaratoria por parte de la Corte Interamericana de Derechos Humanos en el sentido de que sea inconvencional, por lo que, hasta en tanto ello ocurra, puede considerarse constitucional y convencional.

Además, analiza lo relativo al juicio de amparo que procede contra la aplicación de la medida cautelar de prisión preventiva, y la procedencia de la suspensión y sus distintos efectos.

En suma, con esta obra literaria el autor nos brinda una documento jurídico de gran utilidad, pues su contenido constituye un texto que aglomera información selecta sobre la medida cautelar de prisión preventiva en México.

Ello, pues dota de herramientas prácticas y útiles para que las personas sometidas a un procedimiento penal y su defensa tengan una perspectiva integral del vínculo que guarda esa medida cautelar y su aplicación, con el principio de presunción de inocencia, que redunda en la protección de uno de los valores más preciados del ser humano: la libertad.

Así, felicito a mi querido hermano mayor Don Ricardo porque con esta excelente obra, además de proporcionar una mirada práctica de la prisión preventiva en México, brinda luz jurídica hacia el futuro en el Derecho Penal Mexicano.

Con respeto y admiración
David Quijano Aguirre

Presentación

El equilibrio es base fundamental para el desarrollo óptimo de la sociedad. Para que la vida humana conviva con otras semejantes y diferentes, resulta necesario regularla con precisión.

La ciencia jurídica dota de conocimiento para lograr este delicado balance entre lo que debe ser y lo que es. De este modo, puedo afirmar que el Derecho no permanece estático; como una ciencia social, se nutre de la experiencia y evoluciona conforme a las necesidades y el respeto a los Derechos Humanos de la persona.

Esta obra pretende compartir con el lector la evolución de una figura que desde tiempos remotos ha estado presente en el sistema jurídico Mexicano, busca mostrar cómo de ser una regla general para lograr la conclusión de un proceso, ahora debe considerarse como la última opción que tiene el Estado para lograr la disponibilidad de una persona sujeta a un procedimiento penal y de esta forma lograr cumplir con la obligación de esclarecer los hechos con apariencia de delito, proteger al inocente, procurar que el culpable no quede impune y que se repare el daño derivado de la conducta de una persona.

A través de estas líneas les entrego algunas experiencias que como juzgador me ha correspondido atender en la vida práctica y cómo he tenido que desaprender diversos conceptos, abrazar términos y criterios que la evolución científica del Derecho ha adoptado en estos últimos años.

Fue mi intención hacer una lectura sencilla, clara y actual de lo más novedoso que respecto al tema se han sostenido los órganos del Poder Judicial de la Federación y la Corte Interamericana de Derechos Humanos.

El libro consta de ocho capítulos, con una mirada práctica que propone examinar la prisión preventiva en general, la prisión preventiva oficiosa, la prisión preventiva justificada y la revisión de tales figuras desde la postura convencional y constitucional, así como la duración de la misma y la revisión de ello.

También se muestra cuál ha sido la forma en la que los Tribunales Constitucionales han procurado atender los cánones nacionales e internacionales en la materia, al pronunciarse de fondo y sobre la suspensión del acto reclamado, destacando las discrepancias absolutas que existen al respecto.

Capítulo 1. Medidas cautelares para asegurar la continuación de un juicio penal

El proceso penal es de orden público y de interés social; por tanto, el Estado, a través de las autoridades creadas para su tramitación, tiene la obligación de garantizar su conclusión con una sentencia condenatoria o absolutoria; desde luego, con las respectivas salvedades, como son las formas de terminación anticipada (suspensión condicional del proceso y acuerdos reparatorios) o los sobreseimientos que se decretan por prescripción de la acción penal.

En efecto, una vez que se ha iniciado la investigación de un hecho por ser aparentemente delictivo, sea por la denuncia o querella, el Ministerio Público puede, entre otras determinaciones, ejercer acción penal contra cierta persona o personas por ser las probables responsables de ese hecho; ante ello, el Juez de control podrá ordenar la citación, comparecencia o aprehensión de la persona para iniciar un procedimiento penal en su contra[1].

Una vez que la persona es conducida a la audiencia inicial por virtud de alguna de las actuaciones mencionadas; o bien, porque se trate de una detención en flagrancia o urgencia delictiva[2], el juez de Control, entre otras cuestiones, debe decidir qué sucede con la persona imputada, sí existen méritos para que sea investigada o no; de actualizarse el primer supuesto debe garantizar que la persona investigada estará disponible para la continuación del procedimiento; por ello, si se estima que existe necesidad de cautela el juzgador puede fijar al justiciable alguna carga que permita asegurar que no se evadirá y será posible continuar con el proceso penal.

Para ello, el Juez debe dar oportunidad al Ministerio Público de que en audiencia pública exponga la razón o razones por las cuales estima que la persona imputada debe sufrir una u otra medida, sólo cuando exista necesidad de garantizar la comparecencia del imputado en el juicio; el desarrollo de la investigación; la protección de la víctima, de los testigos o de la comunidad; o, cuando el imputado esté siendo procesado o haya sido sentenciado previamente por la comisión de un delito doloso.

---

[1] Ver artículo 141 del Código Nacional de Procedimientos Penales.
[2] En términos del artículo 16 de la Constitución Federal.

Es obligación del juez de control examinar aquello que se le exponga en la audiencia con relación a la forma en la que el Ministerio Público estima se puede garantizar que el imputado no se evadirá de la acción de la justicia; y, en función de ello resolver, sin poder ir más allá de lo solicitado por el Ministerio Público.

El artículo 155 del Código Nacional de Procedimientos Penales, establece una serie de medidas que pueden imponerse para asegurar que el imputado no se evadirá de la acción de la justicia; de manera que se pueda garantizar la continuación de los procedimientos. Tal precepto dispone:

"Artículo 155. Tipos de medidas cautelares

A solicitud del Ministerio Público o de la víctima u ofendido, el juez podrá imponer al imputado una o varias de las siguientes medidas cautelares:

I.   La presentación periódica ante el juez o ante autoridad distinta que aquél designe;

II.   La exhibición de una garantía económica;

III.   El embargo de bienes;

IV.   La inmovilización de cuentas y demás valores que se encuentren dentro del sistema financiero;

V.   La prohibición de salir sin autorización del país, de la localidad en la cual reside o del ámbito territorial que fije el juez;

VI.   El sometimiento al cuidado o vigilancia de una persona o institución determinada o internamiento a institución determinada;

VII.   La prohibición de concurrir a determinadas reuniones o acercarse o ciertos lugares;

VIII.   La prohibición de convivir, acercarse o comunicarse con determinadas personas, con las víctimas u ofendidos o testigos, siempre que no se afecte el derecho de defensa;

IX.   La separación inmediata del domicilio;

X.   La suspensión temporal en el ejercicio del cargo cuando se le atribuye un delito cometido por servidores públicos;

XI.   La suspensión temporal en el ejercicio de una determinada actividad profesional o laboral;

XII.   La colocación de localizadores electrónicos;

XIII. El resguardo en su propio domicilio con las modalidades que el juez disponga, o

XIV. La prisión preventiva.

Las medidas cautelares no podrán ser usadas como medio para obtener un reconocimiento de culpabilidad o como sanción penal anticipada."

De esas medidas cautelares y provisionales, definitivamente, la más invasiva para cualquier persona imputada es la prisión preventiva.

De acuerdo con el artículo 155 trascrito, a solicitud del Ministerio Público o de la víctima u ofendido, el juez podrá imponer al imputado una o varias de las siguientes medidas cautelares enunciadas en el precepto; con excepción de **la prisión preventiva, que sólo puede solicitada por el Agente del Ministerio Público**, como se colige de la interpretación armónica y sistemática del aludido precepto con relación al diverso 157 del propio Código Nacional de Procedimientos Penales.

En México, por años, la prisión preventiva ha sido la medida cautelar solicitada por el Ministerio Público e impuesta en muchos de los casos penales, en la mayoría, se afirma en la exposición de motivos que dio pie a la reforma Constitucional de la cual derivó la creación del Sistema Penal Acusatorio; quizá esa es una de las razones por las cuales las prisiones están demasiado pobladas.

No obstante, debe reconocerse que con motivo de la reforma constitucional de junio de 2008, se han explorado y empleado diversas medidas cautelares, aunque aún es complejo imaginar que por ejemplo, una persona imputada por un delito de Narcotráfico, Secuestro, Delincuencia Organizada, Trata de Personas, por mencionar algunos, pueda seguir su procedimiento en libertad.

Recuerdo que aproximadamente en 2016, estando dentro de un centro penitenciario en espera de que iniciara una audiencia del sistema tradicional, pues no había sido trasladado el *procesado* a la rejilla de prácticas, un excelente abogado que participa en litigios internacionales nos comentaba a las partes presentes que días antes, a un cliente acusado de delitos de narcotráfico le habían permitido llevar su procedimiento en libertad en los Estados Unidos de Norteamérica a cambio de una garantía económica por varios millones de dólares (sin afirmar que así sea por no constarme de manera personal), desconozco la mirada que habré puesto, pues siguió su diálogo señalando: "*todo fue legal, se negoció en audiencia*". Supongo mi rostro fue de incredulidad, seguido de un gesto que insinuaba algún tema de corrupción.

Es indudable que en México, acostumbrados a procesos penales en los que la persona imputada guarda reclusión porque de lo contrario "*se evade a la justicia*", nos resulta difícil pensar e imaginar cualquier escenario en el que una persona vinculada por un delito que se considera de impacto no se evadirá de la justicia, sea culpable o inocente. Hablando en honestidad, estimo que ese pensamiento está en prácticamente cualquier abogado o abogada, al menos de mi generación y mayores (con respeto) porque es lo que nos ha correspondido observar, sea que nos desarrollemos en la impartición, procuración de justicia o postulancia. De ahí la importancia en la preparación universitaria de las nuevas generaciones de juristas, libres de cualquier estereotipo y alejados de conceptos subjetivos preconcebidos.

La relación de las posibles medidas cautelares, estimo, deben interpretarse de forma ejemplificativa, no limitativa, dado que como puede advertirse, van desde mínimamente invasivas a la esfera de una persona imputada, hasta una totalmente invasiva, como es la restricción de la libertad.

El tema, sin duda, es determinar cuál de ellas sería la suficiente para garantizar que en un caso concreto el imputado no se evadirá de la acción de la justicia. Ello implica un ejercicio de razonabilidad que respetuosamente, no estamos acostumbrados a efectuar con demasiada conciencia y descartando posibilidades; usualmente, reitero, con respeto, las medidas se solicitan o conceden acorde a lo que la experiencia nos ha mostrado es efectivo, dando peso preponderante a la prisión preventiva.

Es cierto que corresponde al Ministerio Público exponer y razonar la medida o medidas cautelares que para cierto caso considera deben imponerse, generalmente conforme al artículo 155 del Código Nacional de Procedimientos Penales, sin ir más allá; no obstante, si la finalidad de las medidas cautelares es que una persona imputada no se evada de la acción de la justicia, es claro que incluso la defensa podría realizar sugerencias; verbigracia, para la persona que por razón de su actividad debe viajar a diferentes países, la entrega de su pasaporte, de su visa.

Capítulo 2. Prisión Preventiva

1. Medida de carácter excepcional: La prisión preventiva tiene el carácter de excepcional, ya que debe solicitarse cuando otras medidas cautelares no sean suficientes para garantizar la comparecencia del imputado en el juicio, el desarrollo de la investigación, la protección de la víctima, de los testigos o de la comunidad, así como cuando el imputado esté siendo procesado o haya sido sentenciado previamente por la comisión de un delito doloso (Jurisprudencia 2018459 del Segundo Tribunal Colegiado en Materia Penal del Sexto Circuito).

2. Presunción de inocencia: En la exposición de motivos que dio origen al Sistema Penal Acusatorio (junio, 2008), se estableció que el diseño que se proponía era acorde con el principio de presunción de inocencia; que diversos procesalistas clásicos y contemporáneos habían hecho notar, con razón, la inevitable antinomia que supone afectar los derechos de las personas sometiéndolas a prisión preventiva, sin que antes se hubiera derrotado su presunción de inocencia en un juicio en el que se respetaran todas las garantías del debido proceso. La antinomia, se destacó, era de por sí insalvable, pero para paliarla en alguna medida se establecería que la procedencia de tales afectaciones fuera excepcional.

Ya con la vigencia del Sistema Penal Acusatorio, se ha determinado que la privación de la libertad de una persona en forma preventiva con arreglo a la ley y al procedimiento fijado para ello no constituye una transgresión al principio de presunción de inocencia (Tesis 2001432 de la Primera Sala de la Suprema Corte de Justicia de la Nación).

3. Seguridad jurídica: Por medio de la prisión preventiva legalmente estipulada puede privarse a alguien de su libertad personal mientras culmina el proceso al que se halla sujeto, lo cual constituye una medida cautelar para evitar que se sustraiga de la acción de la justicia. En ese contexto, su estipulación no viola los artículos 16, 18 y 19 de la Constitución Política de los Estados Unidos Mexicanos (Tesis 167666 de la Primera Sala de la Suprema Corte de Justicia de la Nación).

4. Órgano competente para solicitar su imposición: Únicamente el Ministerio Público puede solicitar la prisión preventiva; y, no puede combinarse con otras medidas cautelares previstas en el Código Nacional de Procedimientos Penales, salvo el embargo precautorio o la inmovilización de cuentas y demás valores que se encuentren en el sistema financiero[3]. Lo anterior, desde luego, con la salvedad de que se esté frente a casos que ameriten prisión preventiva oficiosa, de acuerdo con el artículo 19 de la Constitución Federal, pues ahí opera de manera automática.

5. Órgano competente para resolver sobre la petición de prisión preventiva: Al Juez de control le corresponde, previa petición del Ministerio Público, imponer las medidas cautelares –entre ellas, la de prisión preventiva– y establecer los lineamientos para su aplicación (Tesis 2020945 del Segundo Tribunal Colegiado en Materia Penal del Sexto Circuito).

6. Cómputo de la prisión preventiva: La prisión preventiva comprende el lapso efectivo en que la persona sujeta al procedimiento penal permanece privada de su libertad, desde su detención hasta que la sentencia de primera instancia causa estado o se dicta la resolución de segundo grado (Jurisprudencia 2000631 de la Primera Sala de la Suprema Corte de Justicia de la Nación y tesis 2001431 del Primer Tribunal Colegiado en Materia Penal del Sexto Circuito).

A la fecha no existe incertidumbre sobre ese punto; sin embargo, anteriormente existía duda sobre si debía abarcar únicamente hasta la emisión de la sentencia de primer grado.

---

[3] **Artículo 157. Imposición de medidas cautelares**

Las solicitudes de medidas cautelares serán resueltas por el Juez de control, en audiencia y con presencia de las partes.

El Juez de control podrá imponer una de las medidas cautelares previstas en este Código, o combinar varias de ellas según resulte adecuado al caso, o imponer una diversa a la solicitada siempre que no sea más grave. Sólo el Ministerio Público podrá solicitar la prisión preventiva, la cual no podrá combinarse con otras medidas cautelares previstas en este Código, salvo el embargo precautorio o la inmovilización de cuentas y demás valores que se encuentren en el sistema financiero.

En ningún caso el Juez de control está autorizado a aplicar medidas cautelares sin tomar en cuenta el objeto o la finalidad de las mismas ni a aplicar medidas más graves que las previstas en el presente Código."

Incluye el lapso que el reo estuvo detenido ante el Ministerio Público con motivo de los hechos ilícitos que se le atribuyen (Tesis 162030 del Noveno Tribunal Colegiado en Materia Penal del Primer Circuito).

Un minuto de un día, se computa como un día. Aun cuando la privación de la libertad o reclusión haya sido por minutos u horas, debe computarse como un día de detención (Tesis 164086 del Segundo Tribunal Colegiado en Materia Penal del Tercer Circuito).

Días inhábiles por la pandemia COVID-19. Los días en que los órganos jurisdiccionales federales no ejercieron sus funciones ordinariamente con motivo de la pandemia por la COVID-19 deben contabilizarse como parte de la prisión preventiva (Tesis 2026944 del Segundo Tribunal Colegiado en Materia Penal del Segundo Circuito).

Libertad bajo caución (sistema penal tradicional). La prisión preventiva no se integra con el tiempo en que el quejoso goza de la libertad provisional (Tesis 2001431 del Primer Tribunal Colegiado en Materia Penal del Sexto Circuito).

El tiempo en que se resuelva el juicio de amparo promovido contra la sentencia condenatoria de segunda instancia no debe computarse como prisión preventiva (Tesis 160793 de la Primera Sala de la Suprema Corte de Justicia de la Nación).

7. Duración razonable de la prisión preventiva: Si bien el ordenamiento constitucional autoriza la prisión preventiva en ciertos supuestos, también mandata que el proceso penal en contra de una persona a la que se sometió a esta medida cautelar se lleve a cabo en un plazo razonable pues, si ello no se cumple, en realidad se estaría imponiendo una pena anticipada en franca vulneración al principio de presunción de inocencia (Tesis 2014013 de la Primera Sala de la Suprema Corte de Justicia de la Nación). Este aspecto se desarrollará con amplitud al estudiar el tema relativo a la solicitud de revisión de medida cautelar.

No obstante, se adelanta, no debe confundirse la prisión preventiva y su justificación, con la razonabilidad o irrazonabilidad de su duración sin que exista sentencia definitiva, que equivaldría a la justificación de su prolongación; ello, porque mientras en la justificación inicial de la prisión preventiva el juez no tiene mayores elementos que los aportados por el Ministerio Público; en la justificación de la prolongación de la prisión preventiva por la actualización de un plazo razonable en el juicio, el Ministerio Público debe allegar al juzgador otros elementos que le permitan valorar si es necesario o no continuar con dicha medida cautelar (Tesis 2014013 de la Primera Sala de la Suprema Corte de Justicia de la Nación).

8. Órgano encargado del cómputo de la prisión preventiva: es competencia única del Juzgado de Ejecución realizar el cómputo de la prisión preventiva o arresto domiciliario en abono a la pena impuesta, quien para tal efecto se auxiliará de la información que le proporcionen la autoridad penitenciaria y el Tribunal de Enjuiciamiento. Ello, conforme al artículo 21 de la Constitución Federal; los artículos 100, 101, 103, 106 y 118 de la Ley Nacional de Ejecución Penal y el artículo 406 del Código Nacional de Procedimientos Penales (Jurisprudencia 2027008 de la Primera Sala de la Suprema Corte de Justicia de la Nación).

9. Forma oral y escrita de la determinación que impone prisión preventiva: La resolución que decreta la prisión preventiva debe emitirse de forma oral y, posteriormente, constar de manera escrita (Tesis 2024171 del Noveno Tribunal Colegiado en Materia Penal del Primer Circuito).

10. Lugar de prisión preventiva: Salvo en el caso de imposibilidad jurídica, debe cumplirse en el lugar del juicio ((I) Si el inculpado está sujeto a prisión preventiva en un lugar diverso al del juicio, pero también a disposición de otro juzgador por instruirse un juicio paralelo en su contra y (II) si el proceso se encuentra en un estado de avance tal, que ya no requiera la presencia del inculpado) (Tesis 171395 del Primer Tribunal Colegiado en Materia Penal del Primer Circuito).

La víctima u ofendido del delito no tienen reconocido en la Constitución Federal ni en la ley, derecho alguno relacionado con el lugar de reclusión durante la prisión preventiva del imputado (Tesis 2019165 del Tercer Tribunal Colegiado del Vigésimo Séptimo Circuito).

El artículo 22 del Código Nacional de Procedimientos Penales, prevé que los procesados por delitos federales puedan cumplir su medida cautelar en los centros penitenciarios más cercanos al lugar en el que se desarrolla su procedimiento; y, que las entidades federativas deberán aceptar internarlos en los centros penitenciarios locales con el fin de llevar a cabo su debido proceso, salvo que se estime que necesitan ser internados en un penal de máxima seguridad y en los casos en que sean procedentes medidas especiales de seguridad no disponibles en dichos centros.

En el artículo 18 de la Constitución Federal se establece que una persona privada de la libertad por el delito de Delincuencia Organizada, debe permanecer en un centro especial de reinserción social y que las autoridades pueden restringir sus comunicaciones e imponerles medidas especiales de vigilancia.

Capítulo 3. Prisión preventiva oficiosa

1. Fundamento constitucional: La prisión preventiva tiene su cimiento constitucional en la última parte del párrafo segundo del artículo 19 de la Constitución Federal, al disponer:

> "El juez ordenará la prisión preventiva oficiosamente, en los casos de abuso o violencia sexual contra menores, delincuencia organizada, homicidio doloso, feminicidio, violación, secuestro, trata de personas, robo de casa habitación, uso de programas sociales con fines electorales, corrupción tratándose de los delitos de enriquecimiento ilícito y ejercicio abusivo de funciones, robo al transporte de carga en cualquiera de sus modalidades, delitos en materia de hidrocarburos, petrolíferos o petroquímicos, delitos en materia de desaparición forzada de personas y desaparición cometida por particulares, delitos cometidos con medios violentos como armas y explosivos, delitos en materia de armas de fuego y explosivos de uso exclusivo del Ejército, la Armada y la Fuerza Aérea, así como los delitos graves que determine la ley en contra de la seguridad de la nación, el libre desarrollo de la personalidad, y de la salud."

2. Delitos que ameritan prisión preventiva oficiosa:

Los artículos 19, párrafo segundo, de la Constitución Política de los Estados Unidos Mexicanos y 167, párrafo tercero, del Código Nacional de Procedimientos Penales, disponen taxativamente los supuestos en que el juzgador debe imponer la prisión preventiva oficiosa, para lo cual, debe basarse en los hechos del auto de vinculación a proceso o de la formulación de imputación, en su caso (Tesis 2017035 del Tercer Tribunal Colegiado en Materia Penal del Segundo Circuito).

De acuerdo con la parte final del segundo párrafo del artículo 19 de la Constitución Federal, **los delitos que ameritan prisión preventiva oficiosa son:** Abuso o violencia sexual contra menores, delincuencia organizada, homicidio doloso, feminicidio, violación, secuestro, trata de personas, robo de casa habitación, uso de programas sociales con fines electorales, corrupción tratándose de los delitos de enriquecimiento ilícito y ejercicio abusivo de funciones, robo al transporte de carga en cualquiera de sus modalidades, delitos en materia de hidrocarburos, petrolíferos o petroquímicos, delitos en materia de desaparición forzada de personas y desaparición cometida por particulares, delitos cometidos con medios violentos como armas y explosivos, delitos en materia de armas de fuego y explosivos de uso exclusivo del Ejército, la Armada y la Fuerza Aérea, así como los delitos graves que determine la ley en contra de la seguridad de la nación, el libre desarrollo de la personalidad, y de la salud.

En esos casos, el Poder Reformador de la Constitución ordenó que el Juez de Control en automático impusiera la medida.

La Primera Sala de la Suprema Corte de Justicia de la Nación al resolver el Amparo en Revisión 315/2021, precisó lo siguiente:

"(...) 60. Por el contrario, como ya se indicó, del contenido del artículo 19 constitucional, sólo se advierten –expresamente– dos posibilidades para restringir la libertad a las personas imputadas en un proceso penal, a través de la prisión preventiva:

a) Cuando la solicita por el Ministerio Público en virtud de que otras medidas cautelares no son suficientes para garantizar la comparecencia de la persona imputada, el desarrollo de la investigación, la protección de la víctima, los testigos o de la comunidad y cuando dicha persona esté siendo procesado o haya sido sentenciado previamente por la comisión de un delito doloso. Considerada prisión preventiva justificada.

b) Cuando el Juez de Control la impone de oficio, es decir, en automático, sin solicitud alguna, sólo al advertir que se impute a la persona uno o varios de los delitos establecidos en el multicitado artículo 19 constitucional y en el diverso 167 del Código Nacional de Procedimientos Penales. Considerada prisión preventiva oficiosa.
(...)"

Respecto de ese catálogo de delitos que ameritan prisión preventiva oficiosa, cabe destacar algunos criterios que derivan de las resoluciones de diversos órganos impartidores de justicia a nivel federal:

A) Delitos cometidos con medios violentos como armas y explosivos: Para algunos tribunales, es una hipótesis constitucional que requiere ser desarrollada por el legislador previamente a su aplicación por los Jueces. La prisión preventiva oficiosa es una restricción constitucional a derechos fundamentales y, por tanto, su aplicación es estricta, sin admitir la extensiva o analógica. Las hipótesis en que proceda deben estar taxativa y previamente previstas. El Constituyente dejó abiertos los supuestos relativos a los "delitos cometidos con medios violentos como armas y explosivos", a fin de que fuera el legislador secundario competente quien determinara las hipótesis precisas y exactas en las que pudiera aplicarse la restricción constitucional de la prisión preventiva oficiosa, lo cual habrá de reflejarse en la legislación secundaria (Jurisprudencia 2025239 del Cuarto Tribunal Colegiado en Materia Penal del Primer Circuito (criterio en contradicción a octubre de 2023)).

Existen algunos tribunales que sostienen que algunos casos de delitos cometidos con medios violentos como armas y explosivos pueden ser, por ejemplo, el robo con arma de fuego, la extorsión con arma de fuego, el terrorismo cuando se emplean explosivos.

Cierto, en el **robo con violencia**, algunos tribunales estiman que opera la prisión preventiva oficiosa al actualizarse la hipótesis de delitos cometidos con medios violentos como armas, con la aclaración que lo relativo a la utilización de armas debe estar previsto literalmente en la Ley (Tesis 2016405 del Segundo Tribunal Colegiado en Materia Penal del Tercer Circuito).

B) Delitos en materia de hidrocarburos, petrolíferos y petroquímicos, así como en materia de armas de fuego y explosivos de uso exclusivo de las fuerzas armadas: Se considera que ameritan prisión preventiva oficiosa a partir de que así se estableció en la Constitución Federal y de que la reforma respectiva entró en vigor (Tesis 2022058 de la Primera Sala de la Suprema Corte de Justicia de la Nación).

C) Delitos en grado de tentativa:

- **Tentativa de violación:** tratándose de tentativa de violación, al no estar prevista de manera expresa en la Constitución ni en el Código Nacional de Procedimientos Penales como delito que amerite prisión preventiva oficiosa, no podrá imponerse la medida por extensión, es decir, de manera oficiosa (Tesis 2024090 de la Primera Sala de la Suprema Corte de Justicia de la Nación).

- **Feminicidio en grado de tentativa**: Amerita prisión preventiva oficiosa aun cuando no esté prevista de manera expresa en la Constitución ni en el Código Nacional de Procedimientos Penales, pues es un homicidio en razón de género agravado y lo que se salvaguarda es la vida y salud de las mujeres; de ahí que resulte correcta la imposición de dicha medida cautelar, ya que por razones de género se sanciona la privación de la vida de una mujer con mayor severidad que si se tratara de un homicidio doloso (Tesis 2021704 del Noveno Tribunal Colegiado en Materia Penal del Primer Circuito). Virtud al criterio que antecede, podría considerarse superada la posibilidad de considerar al feminicidio en grado de tentativa como merecedor de la prisión preventiva oficiosa, conforme al sistema de jerarquía de criterios que impera en México, no obstante, contiene argumentos que quizá podrían ser empleados para solicitar la prisión preventiva justificada.

3. Hipótesis en la cual un juez de Control puede no imponer prisión preventiva oficiosa a pesar de que el delito esté dentro de los que constitucionalmente la ameritan:

En caso de delitos de prisión preventiva oficiosa, el único supuesto para que no se aplique, es que el Ministerio Público solicite la no imposición por no resultar proporcional para garantizar la comparecencia del imputado en el proceso, el desarrollo de la investigación, la protección de la víctima y de los testigos o de la comunidad; lo anterior, en términos del artículo 167 del Código Nacional de Procedimientos Penales.

Desde luego, debe contar con la autorización del titular de la Fiscalía o del funcionario que en él se delegue esa facultad.

4. Jurisprudencia internacional: la prisión preventiva oficiosa es inconvencional:

a) La Corte Interamericana de Derechos Humanos declaró la inconvencionalidad de la prisión preventiva oficiosa (Caso Tzompaxtle Tecpile y otros vs. México).

b) Condenó al Estado Mexicano a:

   - Revisar la pertinencia de mantener las medidas cautelares.

   - Adecuar su ordenamiento jurídico interno sobre prisión preventiva oficiosa.

c) No reformó la Constitución Federal, concretamente el artículo 19; tampoco reformó el artículo 167 del Código Nacional de Procedimientos Penales. Lo que además, de haberlo hecho, hubiera estado fuera de todo contexto, porque ello es una cuestión que debe realizarse en sede doméstica.

d) En México, el Poder a quien corresponde realizar la adecuación normativa es al Poder Legislativo; y, al menos hasta esta data no ha reformado la Constitución Federal, ni el Código Nacional de Procedimientos Penales en el tema. De manera que, formal y materialmente tienen vigencia.

5. Jurisprudencia nacional: la prisión preventiva oficiosa es constitucional:

Al resolver la **Contradicción de Tesis 293/2011**, el Pleno de la Suprema Corte de Justicia de la Nación:

a) Reconoció la existencia del denominado bloque de constitucionalidad; y, se especificó que el parámetro de regularidad normativa se compone de disposiciones nacionales –esencialmente por la Constitución Federal– y se complementa con disposiciones de otra clase.

b) Explicó que, las normas internacionales completan y expanden el abanico de prerrogativas y garantías que se contemplen en sede doméstica; y, se determinó establecer que, cuando exista una restricción expresa al ejercicio de los derechos humanos en el texto constitucional, se debería estar a lo que indica esta última[4].

6. Obligación de acatar jurisprudencia nacional:

El artículo 217 de la Ley de Amparo[5] prevé que la jurisprudencia que establezca la Suprema Corte de Justicia de la Nación será obligatoria para todas las autoridades jurisdiccionales de la Federación y de las entidades federativas, con excepción del propio Tribunal Constitucional.

---

[4] Tesis registro digital: 2006224, sustentada por el Pleno de la Suprema Corte de Justicia de la Nación, Décima Época, Materias(s): Constitucional, visible en la Gaceta del Semanario Judicial de la Federación. Libro 5, Abril de 2014, Tomo I, página 202, del rubro y texto:
"DERECHOS HUMANOS CONTENIDOS EN LA CONSTITUCIÓN Y EN LOS TRATADOS INTERNACIONALES. CONSTITUYEN EL PARÁMETRO DE CONTROL DE REGULARIDAD CONSTITUCIONAL, PERO CUANDO EN LA CONSTITUCIÓN HAYA UNA RESTRICCIÓN EXPRESA AL EJERCICIO DE AQUÉLLOS, SE DEBE ESTAR A LO QUE ESTABLECE EL TEXTO CONSTITUCIONAL. El primer párrafo del artículo 1o. constitucional reconoce un conjunto de derechos humanos cuyas fuentes son la Constitución y los tratados internacionales de los cuales el Estado Mexicano sea parte. De la interpretación literal, sistemática y originalista del contenido de las reformas constitucionales de seis y diez de junio de dos mil once, se desprende que las normas de derechos humanos, independientemente de su fuente, no se relacionan en términos jerárquicos, entendiendo que, derivado de la parte final del primer párrafo del citado artículo 1o., cuando en la Constitución haya una restricción expresa al ejercicio de los derechos humanos, se deberá estar a lo que indica la norma constitucional, ya que el principio que le brinda supremacía comporta al encumbramiento de la Constitución como norma fundamental del orden jurídico mexicano, lo que a su vez implica que el resto de las normas jurídicas deben ser acordes con la misma, tanto en un sentido formal como material, circunstancia que no ha cambiado; lo que sí ha evolucionado a raíz de las reformas constitucionales en comento es la configuración del conjunto de normas jurídicas respecto de las cuales puede predicarse dicha supremacía en el orden jurídico mexicano. Esta transformación se explica por la ampliación del catálogo de derechos humanos previsto dentro de la Constitución Política de los Estados Unidos Mexicanos, el cual evidentemente puede calificarse como parte del conjunto normativo que goza de esta supremacía constitucional. En este sentido, los derechos humanos, en su conjunto, constituyen el parámetro de control de regularidad constitucional, conforme al cual debe analizarse la validez de las normas y actos que forman parte del orden jurídico mexicano."

[5] "Artículo 217. La jurisprudencia que establezca la Suprema Corte de Justicia de la Nación será obligatoria para todas las autoridades jurisdiccionales de la Federación y de las entidades federativas, con excepción de la propia Suprema Corte.
(…)"

Mientras un criterio emitido por nuestro Alto Tribunal no sea abandonado por la propia Corte, éste permanece vigente y continúa siendo obligatorio para todas las autoridades jurisdiccionales del país[6].

7. Inmutabilidad de la jurisprudencia nacional:

La Suprema Corte de Justicia de la Nación ha precisado que no es posible que un órgano de menor grado cuestione su jurisprudencia y tienda a inaplicarla como resultado del ejercicio de control de convencionalidad porque permitirlo daría

---

[6] Tesis registro digital: 2024159, sustentada por el Pleno de la Suprema Corte de Justicia de la Nación, Undécima Época, Materias(s): Común, consultable en la Gaceta del Semanario Judicial de la Federación. Libro 10, Febrero de 2022, Tomo I, página 7, del tenor:

"CONTROL DE REGULARIDAD CONSTITUCIONAL. CONTENIDO Y ALCANCE DEL DEBER DE LOS ÓRGANOS JURISDICCIONALES DEL PODER JUDICIAL DE LA FEDERACIÓN DE REALIZARLO AL CONOCER JUICIOS DE AMPARO DIRECTO E INDIRECTO [ABANDONO DE LAS TESIS AISLADAS P. IX/2015 (10a.) Y P. X/2015 (10a.)].

Hechos: Diversos Tribunales Colegiados de Circuito discreparon en torno al alcance del control de regularidad constitucional ex officio en el juicio de amparo, respecto a si debe limitarse a las leyes procesales que rigen el juicio de amparo (Ley de Amparo, Ley Orgánica del Poder Judicial de la Federación y Código Federal de Procedimientos Civiles) o debe incluir, también, las normas procesales y sustantivas aplicadas en el acto reclamado.

Criterio jurídico: Los órganos jurisdiccionales del Poder Judicial de la Federación cuando actúan en amparo directo e indirecto deben realizar control de regularidad constitucional ex officio, tanto respecto de las disposiciones procesales que regulan el juicio de amparo, como sobre las normas sustantivas y procesales que se aplicaron en el acto reclamado.

Justificación: Conforme a lo dispuesto en los artículos 1o., 103 y 133 de la Constitución General, así como a lo resuelto por el Tribunal Pleno de la Suprema Corte de Justicia de la Nación al resolver el expediente varios 912/2010, el control de regularidad constitucional debe realizarse por los Juzgados de Distrito y los Tribunales Colegiados de Circuito, en el ámbito de sus competencias y procedimientos. Así, de una nueva reflexión, este Tribunal Pleno considera necesario abandonar el criterio reflejado en las tesis aisladas P. IX/2015 (10a.) y P. X/2015 (10a.), de títulos y subtítulos: "CONTROL DE REGULARIDAD CONSTITUCIONAL EX OFFICIO. LOS TRIBUNALES COLEGIADOS DE CIRCUITO DEBEN EJERCERLO SÓLO EN EL ÁMBITO DE SU COMPETENCIA." y "CONTROL DE REGULARIDAD CONSTITUCIONAL EX OFFICIO. LOS TRIBUNALES COLEGIADOS DE CIRCUITO NO ESTÁN FACULTADOS PARA EJERCERLO RESPECTO DE NORMAS QUE RIGEN EL JUICIO DE ORIGEN.", porque dichos órganos jurisdiccionales, para dar cumplimiento al mandato constitucional de proteger, respetar y prevenir violaciones a los derechos humanos previsto en el artículo 1o. constitucional, deben realizar control ex officio tanto sobre las disposiciones procesales que regulan el juicio de amparo, directo e indirecto (Ley de Amparo, Ley Orgánica del Poder Judicial de la Federación y Código Federal de Procedimientos Civiles, supletorio de la Ley de Amparo), como sobre cualesquiera disposiciones aplicadas en los actos reclamados cuya constitucionalidad revisan en el juicio constitucional. Lo anterior, porque se estima que el ejercicio de ese control es necesario para proteger los derechos humanos reconocidos constitucionalmente; es compatible con razones de seguridad jurídica porque no interfiere con el funcionamiento de instituciones como la preclusión o la cosa juzgada; y armoniza con el funcionamiento del sistema, ya que respeta el régimen federal y la distribución de competencias entre los órganos jurisdiccionales; en el entendido de que el resultado de ese control se limita a la inaplicación de normas generales en el acto concreto de aplicación sin generar efectos futuros y de que, cuando ese control lo realice el Tribunal Colegiado de Circuito, tanto en amparo directo como indirecto en revisión, con fundamento en los artículos 64, párrafo segundo, y 73, párrafo segundo, de la Ley de Amparo, aplicables por identidad de razón, y con la finalidad de permitir a las partes conocer la realización del control de regularidad constitucional ex officio, éste deberá publicar previamente el proyecto de sentencia y dar vista a las partes, para que tengan la oportunidad de exponer lo que a su derecho convenga."

como resultado que perdiera su carácter de obligatoria, ocasionando falta de certeza y seguridad jurídica[7].

Al resolver el Amparo Directo en Revisión 583/2015, la Segunda Sala de la Suprema Corte de Justicia de la Nación estableció que las restricciones no impiden una interpretación armónica, sustentada en el principio pro persona (que implica atender a lo más favorable para el gobernado). Sin embargo, estableció dos limitaciones para ello:

a) Ese ejercicio quedó reservado a la Suprema Corte de Justicia de la Nación.

b) La interpretación más favorable podría resultar viable, siempre y cuando, no se vacíe el contenido de la disposición restrictiva, como producto de una interpretación sistemática de todos sus postulados.

8. Responsabilidad penal para el supuesto de inacatar una jurisprudencia nacional:

El artículo 225, fracción VI del Código Penal Federal, dispone:

"**Artículo 225.-** Son delitos contra la administración de justicia, cometidos por servidores públicos los siguientes:

---

[7] Tesis registro digital: 2008148, sustentada por el Pleno de la Suprema Corte de Justicia de la Nación, Décima Época, Materias(s): Común, consultable en la Gaceta del Semanario Judicial de la Federación. Libro 13, Diciembre de 2014, Tomo I, página 8, del rubro y texto:

"JURISPRUDENCIA DE LA SUPREMA CORTE DE JUSTICIA DE LA NACIÓN. NO ES SUSCEPTIBLE DE SOMETERSE A CONTROL DE CONSTITUCIONALIDAD Y/O CONVENCIONALIDAD EX OFFICIO POR ÓRGANOS JURISDICCIONALES DE MENOR JERARQUÍA. La obligación de las autoridades jurisdiccionales contenida en los artículos 1o. y 133 de la Constitución Política de los Estados Unidos Mexicanos, de realizar un control de constitucionalidad y/o convencionalidad ex officio en materia de derechos humanos y dar preferencia a los contenidos en la propia Ley Suprema y en los tratados internacionales, aun a pesar de las disposiciones en contrario contenidas en cualquier norma inferior, no contempla a la jurisprudencia emitida por la Suprema Corte de Justicia de la Nación, porque el artículo 94 constitucional establece que será obligatoria para todos los órganos jurisdiccionales de conformidad con lo que disponga la ley y, en este caso, la Ley de Amparo así lo indica tanto en la abrogada como en el artículo 217 de la vigente; de ahí que no privan las mismas razones que se toman en cuenta para inaplicar una disposición emitida por el legislador cuando viola derechos humanos de fuente constitucional o convencional. Cabe precisar que en los casos en los que se pudiera advertir que una jurisprudencia del Alto Tribunal desatiende o contradice un derecho humano, cualquiera que sea su origen, existen los medios legales para que se subsane ese aspecto. En conclusión, aun partiendo del nuevo modelo de interpretación constitucional, no es posible determinar que la jurisprudencia del Máximo Tribunal del país pueda ser objeto de la decisión de un órgano de menor grado que tienda a inaplicarla, como resultado del ejercicio de control de convencionalidad ex officio, porque permitirlo daría como resultado que perdiera su carácter de obligatoria, ocasionando falta de certeza y seguridad jurídica."

(…)

VI.   Dictar, a sabiendas, una resolución de fondo o una sentencia definitiva que sean ilícitas **por violar algún precepto terminante de la ley**, o ser contrarias a las actuaciones seguidas en juicio u omitir dictar una resolución de trámite, de fondo o una sentencia definitiva lícita, dentro de los términos dispuestos en la ley;

(…)".

9. Consideraciones de algunos Tribunales Federales Nacionales que dan prioridad a la inconvencionalidad de la prisión preventiva oficiosa:

Al resolver el Amparo en Revisión 198/2022, por mayoría de votos, el Primer Tribunal Colegiado en Materia Penal del Segundo Circuito, resolvió:

"(…)

IV. Cuestión previa sobre convencionalidad de normas.

42. De las demandas de amparo se aprecia que los quejosos señalan que los artículos 19, párrafo segundo, de la Constitución General, y 167, párrafos tercero y sexto, fracción I, del Código Nacional de Procedimientos Penales, son inconvencionales (los peticionarios aducen que contravienen la Convención Americana sobre Derechos Humanos, Convención de Viena sobre el derecho de los Tratados, Declaración Americana de los Derechos y Deberes del Hombre, Declaración Universal de los Derechos Humanos, Pacto Internacional de Derechos Civiles y Políticos, Opinión No. 1/2018 relativa a Pedro Zaragoza Fuentes y Pedro Zaragoza Delgado); lo que precede, al considerar que transgrede diversos derechos, entre los que destacan, libertad, igualdad procesal y ante la ley, seguridad y certeza jurídica, defensa adecuada, presunción de inocencia, tutela judicial y excepcionalidad de la prisión de la prisión preventiva.

43. Si bien este tribunal colegiado estima que es competente para analizar la convencionalidad tanto de normas reglamentarias generales (artículo 167 en cita) como de actos o prácticas nacionales (medida cautelar de prisión preventiva oficiosa); lo cierto es que consideramos que para el efecto pretendido por los quejosos es suficiente analizar si la medida cautelar que impugna se ajusta o no a los parámetros convencionales del Sistema Interamericano.

44. Lo anterior, debido a que este órgano de amparo advierte que, de conformidad con el artículo 189 de la Ley de Amparo, el estudio del concepto de violación relacionado con la inconvencionalidad del acto genera beneficio a la parte quejosa y obtendría una resolución favorable y rápida para el justiciable, lo que garantiza que los quejosos alcance (sic) su pretensión, incluso sin la necesidad de analizar el estudio de convencionalidad de las normas que impugnó.

45. Bajo las premisas anteriores, no serán materia de análisis las normas impugnadas así como los conceptos de violación encaminados a controvertir su convencionalidad. En efecto, este órgano colegiado se limitará a analizar la convencionalidad de los actos reclamados consistentes en la medida cautelar de prisión preventiva oficiosa y su ejecución; pues se estima que ese análisis es suficiente para conceder el amparo a los quejosos.

VI. Examen convencional del acto reclamado consistente en la medida cautelar de prisión preventiva oficiosa.

46. De la lectura integral de la demanda se advierte que el quejoso impugnó la convencionalidad de la medida cautelar de prisión preventiva oficiosa que se le impuso por el delito de Homicidio Calificado.

47. Este tribunal colegiado advierte fundados los conceptos de violación de los quejosos, puesto que el acto o práctica nacional consistente en la prisión preventiva oficiosa que le impuso la responsable Juez de Control del Distrito Judicial de Zumpango, Estado de México, resulta contraria a los derechos a la libertad personal, presunción de inocencia e igualdad ante la ley, previstos en la Convención Americana de Derechos Humanos (CADH) del justiciable, por las siguientes razones.

48. Veamos.

49. De inicio, este tribunal de amparo aprecia que la problemática que debe resolverse es la siguiente:

¿La medida cautelar de prisión preventiva oficiosa o automática (impuesta al quejoso) resulta acorde a la Convención Americana sobre Derechos Humanos y a los estándares interpretativos forjados por la Corte Interamericana de Derechos Humanos?

50. Para resolver la pregunta planteada, se empleará la siguiente metodología: (i) en primer término señalaremos las notas distintivas del control de convencionalidad y su ejercicio a través del juicio de amparo; (ii) después analizaremos la figura de prisión preventiva oficiosa en el contexto de nuestro País; (iii) en tercer lugar, expondremos la línea jurisprudencial interamericana sobre la prisión preventiva; (iv) posteriormente examinaremos dos sentencias de condena en contra de México respecto de la aplicación de la prisión preventiva oficiosa, y, finalmente, (v) analizaremos el caso concreto.

A. El control de convencionalidad y su ejercicio a través del juicio de amparo

51. El Sistema Interamericano de Derechos Humanos, creado en el seno de la Organización de los Estados Americanos es el mecanismo más influyente en materia de promoción y protección de los derechos humanos en la región. Su ámbito de protección se extiende a poco más de 500 millones de personas que habitan el continente americano.17 Este sistema es de carácter dual, en la medida en que cuenta con dos órganos de control de la

protección de los derechos humanos: la Comisión Interamericana de Derechos Humanos y la Corte Interamericana de Derechos Humanos (en adelante Corte IDH). La finalidad esencial de estos órganos radica en hacer efectivas las disposiciones de la Convención Americana sobre Derechos Humanos, también llamada Pacto de San José (en adelante CADH) y otros instrumentos interamericanos.

52. La función principal de la Corte IDH es la «contenciosa», pues a través de esta vía determina si un Estado-parte —que hubiere suscrito la CADH y reconocido la jurisdicción de la Corte— ha incurrido en responsabilidad internacional por violación a los derechos humanos previstos en el «corpus iuris interamericano» y dispone las medidas necesarias para reparar la vulneración de estos derechos. Una nota importante de las sentencias de la Corte IDH es que sus consideraciones constituyen per se jurisprudencia interamericana, con fuerza vinculante para los Estados-parte.

53. Precisamente a partir de la jurisprudencia de la Corte IDH se crea el denominado «control de convencionalidad». Esta doctrina emerge de dos precedentes. El primero en dos mil tres y se trata del voto concurrente razonado que el juez Sergio García Ramírez formuló en el caso Myrna Mack Chang Vs Guatemala, en donde acuñó por primera vez el término «control de convencionalidad». El segundo antecedente y el más importante surge en dos mil seis y nos referimos al caso Almonacid Arellano Vs Chile. Se trata del primer caso contencioso en donde la Corte IDH estableció la obligación de ejercer "un control de convencionalidad entre las normas jurídicas internas que [se] aplican en los casos concretos y la CADH".

54. México adoptó la doctrina del control de convencionalidad con motivo de tres sucesos relevantes: la sentencia de la Corte IDH sobre el caso Radilla Pacheco Vs México; la sentencia del Pleno de la Suprema Corte de Justicia de la Nación (en adelante SCJN) en el expediente varios 912/2010; y la reforma constitucional en materia de derechos humanos de diez de junio de dos mil once.

55. El control de convencionalidad supone verificar la adecuación de las normas jurídicas internas que aplican en casos concretos a la CADH y a los estándares interpretativos forjados por la Corte IDH. Por virtud de esta figura surge la obligación de los Estados parte de armonizar su ordenamiento jurídico interno y sus prácticas estatales a las disposiciones del corpus iuris interamericano y a la jurisprudencia de la Corte IDH. La aplicación del control de convencionalidad materializa, en mayor o menor medida, el diálogo entre las cortes nacionales —y sus respectivos operadores de justicia—, por un lado, y la Corte IDH, por el otro.

56. Las y los operadores de justicia miran hacia el sistema interamericano con la finalidad de verificar la conformidad de las normas y prácticas internas con la CADH y la interpretación que de la misma realiza la Corte IDH. De alguna manera, el control de convencionalidad busca consolidar el ius constitutionale commune latinoamericano, al operar como una institución tendente a fortalecer el diálogo jurisprudencial entre las autoridades nacionales de los Estados-parte y la Corte IDH.

57. El control de convencionalidad se rige, además, por el principio de subsidiariedad (también denominado de complementariedad), conforme al cual corresponde al Estado ejercer el control primario de convencionalidad, debido a que en su carácter de garante de los derechos humanos debe ser el primero en reparar, en sede interna, las violaciones a tales derechos, antes de acudir o tener que responder ante las instancias internacionales, como el Sistema Interamericano de Derechos Humanos.

58. Ahora bien, el control de convencionalidad puede ser de dos tipos: «concentrado» y «difuso». El primero está a cargo de la Corte IDH, pues se trata del órgano supranacional especializado en analizar las violaciones a los derechos humanos previstos en la CADH y en los diversos tratados interamericanos, por lo que cuenta con facultades para declarar la invalidez no sólo de normas generales (incluso constitucionales), sino también de prácticas estatales. El control concentrado también puede estar a cargo de las autoridades domésticas del Estado, siempre que su orden jurídico los dote de esa competencia.

59. El control difuso, por su parte, está a cargo de las autoridades del Estado y mediante su ejercicio pueden —según sea el caso— inaplicar una norma al caso concreto, dejar sin efectos una práctica estatal, o simplemente adecuar el orden jurídico a los estándares interamericanos. En ese sentido, el control difuso de convencionalidad convierte al juez nacional en juez interamericano, en un primer y auténtico guardián de la CADH.

60. Con relación a las autoridades que están obligadas a desplegar este control en el ámbito interno, la Corte IDH, en un inicio, fue explícita al establecer que el control de convencionalidad, ex officio, debía llevarse a cabo por el Poder Judicial. Más tarde consideró que era obligación de las y los jueces y órganos vinculados a la administración de justicia. Pero, finalmente, el tribunal supranacional estimó que cualquier autoridad pública y no sólo el Poder Judicial debían llevar a cabo este control. Así pues, queda claro que el control ex officio debe llevarse a cabo por cualquier autoridad del Estado sin importar su nivel ni naturaleza; pero además, el ejercicio de este control, lejos de ser una cuestión potestativa, se convierte en una obligación, de forma tal que si las autoridades domésticas o locales omiten ejercer control de convencionalidad, el Estado puede incurrir en responsabilidad internacional.

61. Si bien el ejercicio del examen de convencionalidad es visto con mayor frecuencia en leyes, también opera cuando el Estado omite dictar las disposiciones normativas para adecuar el derecho interno a los estándares convencionales. Recordemos que los Estados-parte, al suscribir la CADH, se encuentran obligados a adecuar su orden jurídico al corpus iuris interamericano, con la finalidad de preservar el effet utile de las disposiciones convencionales (derechos y libertades), tal como lo establece el artículo 2 de la CADH. Pero si no lo hacen, estarían configurando una «inconvencionalidad por omisión».

62. Es importante señalar que en nuestro orden jurídico nacional, los artículos 1o, párrafos segundo y tercero, y 133 de la Constitución Política de los

Estados Unidos Mexicanos establecen la obligación de los órganos del Poder Judicial de la Federación y de las demás autoridades del País, de ejercer el control de convencionalidad ex officio, con la finalidad de promover, respetar, proteger y garantizar los derechos humanos, por lo cual, las normas relativas a derechos se deben interpretar de conformidad con la Constitución y con los tratados internacionales de la materia favoreciendo en todo tiempo a las personas la protección más amplia.

63. Hasta aquí hemos precisado las notas esenciales del control de convencionalidad, sin embargo ¿cómo deben las autoridades nacionales realizar este control? Según hemos destacado, las bases para emplear el control de convencionalidad son las pautas hermenéuticas de «interpretación conforme» y «principio pro persona». Así, para el ejercicio del control, las y los operadores jurídicos deben ubicar cuál es la ley, norma o práctica estatal cuya validez se cuestiona e identificar cuál es el derecho o derechos humanos previstos en la CADH que son vulnerados, es decir, se debe determinar el parámetro convencional conforme al cual se confrontará la norma o la práctica estatal.

64. En ese sentido, para un correcto ejercicio del control de convencionalidad ex officio, puede seguirse la metodología trazada por la Primera Sala de la SCJN en la jurisprudencia 1a./J. 84/2022 (11a.):

a. Identificación. Identificar el derecho humano que considere podría verse vulnerado, en atención a las circunstancias fácticas del caso, mismas que se desprenden de la narración del titular del derecho o del caudal probatorio que obre en el expediente.

b. Fuente del derecho humano. Determinar la fuente de ese derecho humano, es decir, si éste se encuentra reconocido en sede constitucional y/o convencional y fijar su contenido esencial, es decir, explicar en qué consiste, a la luz tanto de su fuente primigenia como de la jurisprudencia desarrollada por el tribunal encargado de la interpretación final de la fuente.

c. Estudio de constitucionalidad y convencionalidad. Análisis de la norma sospechosa de inconstitucionalidad e inconvencionalidad a la luz del contenido esencial del derecho humano y determinar si éste es contravenido.

d. Determinación. Decisión sobre la constitucionalidad y/o convencionalidad de la norma, es decir, determinar si la norma es constitucional o inconstitucional, o bien, convencional o inconvencional; la forma en cómo debe interpretarse y, en su caso, si ésta debe inaplicarse para el caso concreto.

65. Por otro lado, para realizar propiamente el estudio y la determinación del control de convencionalidad, puede adoptarse la metodología expuesta por el Pleno de la SCJN en el expediente varios 912/2010, esto es:

a. Interpretación conforme en sentido amplio. Esto significa que las autoridades deben interpretar el orden jurídico a la luz y conforme a los derechos humanos reconocidos en el corpus iuris interamericano, favoreciendo en todo tiempo a las personas con la protección más amplia (principio pro persona).

b. Interpretación conforme en sentido estricto. Esto implica que cuando existan distintas interpretaciones válidas, las autoridades deben preferir la que resulte acorde a los derechos humanos, para evitar incidir o vulnerar el contenido esencial de estos derechos.

c. Inaplicación. Sólo cuando no sea posible lograr la interpretación conforme en sentido amplio y estricto, se debe inaplicar la norma al caso concreto, o bien, dejar sin efectos la práctica estatal. Esto significa que la inconvencionalidad quedó evidenciada.

66. En otro orden de ideas, por lo que concierne al juicio de amparo —tanto en la vía directa como indirecta— debe decirse que se trata de un medio de defensa constitucional y de protección de derechos humanos, el cual, por su naturaleza, constituye un mecanismo jurisdiccional idóneo para ejercer el control de convencionalidad ex officio. En ese sentido, las juzgadoras y juzgadores del Poder Judicial de la Federación están facultados —y de hecho están obligados— a armonizar el derecho interno y los actos de autoridad a las disposiciones de la CADH y a los criterios jurisprudenciales de la Corte IDH. Sin embargo, es preciso determinar si existen límites al ejercicio de ese control en el juicio de amparo.

67. En un inicio, el Pleno de la SCJN, al resolver el amparo directo en revisión 1046/2012,33 determinó que si bien los Tribunales Colegiados de Circuito deben ejercer control difuso de regularidad constitucional [convencional] ante la violación de derechos humanos, lo cierto es que sólo pueden hacerlo en el ámbito de su competencia, es decir, respecto de las disposiciones que ellos mismos están facultados para aplicar, específicamente, las contenidas en los ordenamientos que rigen el procedimiento del juicio de amparo: la Ley de Amparo, la Ley Orgánica del Poder Judicial de la Federación y el Código Federal de Procedimientos Civiles, por lo tanto, no pueden ejercer dicho control respecto de normas que rigen el juicio de origen.

68. Sin embargo, este criterio fue abandonado por el propio Pleno de la SCJN, al resolver la contradicción de tesis 351/2014, en donde determinó, en una nueva reflexión, que el control puede activarse de dos formas: a petición de parte (a través de conceptos de violación y en suplencia de la deficiencia -e incluso la ausencia- de éstos), o ex officio, esto es, cuando lo hace el órgano jurisdiccional en razón de su actividad y sin que exista concepto de violación ni motivo alguno de suplencia, o al margen de que exista alguno.

69. Señaló que los órganos del Poder Judicial de la Federación, en el juicio de amparo, deben realizar control de constitucionalidad ex officio, tanto de las disposiciones procesales que aplican durante el trámite y resolución del juicio de amparo, es decir, de la Ley de Amparo, la Ley Orgánica del Poder Judicial de la Federación y del Código Federal de Procedimientos Civiles, supletorio de la primera; como de cualesquiera normas substantivas o adjetivas aplicadas en el acto reclamado (o en el procedimiento que, en su caso, le preceda) de las que tengan conocimiento al ejercer su competencia

como órganos de control concentrado de constitucionalidad [convencionalidad] en el juicio de amparo, directo o indirecto.

70. En torno a la posibilidad de aplicar el control en el amparo biinstancial, el Tribunal Pleno precisó que cuando a través del juicio de amparo indirecto se reclaman actos de autoridad distintos de normas generales, por las mismas razones que en el amparo directo, debe aceptarse que los órganos jurisdiccionales del Poder Judicial de la Federación están obligados a hacer control de constitucionalidad [convencionalidad] ex officio, tanto sobre las normas procesales que rigen el juicio de amparo indirecto, como sobre cualquier otra norma substantiva o adjetiva de la que tengan conocimiento por haberse aplicado en el acto reclamado.

71. Sin embargo, aclaró que ese control debe ser compatible con la regulación procesal del juicio de amparo indirecto, por lo que tratándose de normas aplicadas en los actos reclamados, no reclamadas como actos destacados, los efectos del control ex officio de constitucionalidad [convencionalidad] se limitarán a la inaplicación en el acto reclamado de la norma estimada inconstitucional [inconvencional], sin que ello amerite una declaratoria de invalidez que deba reflejarse en un punto resolutivo de la sentencia, ni su proyección al futuro mediante la expulsión de la norma del ordenamiento jurídico en relación con la esfera jurídica del quejoso, por virtud del principio de relatividad.

72. Por lo demás, conviene recordar que el Pleno del alto tribunal, al resolver la contradicción de tesis 293/2011, fijó criterio según el cual las normas de derechos humanos, independientemente de su fuente, no se relacionan en términos jerárquicos, por lo cual los derechos humanos previstos en la Constitución Política de los Estados Unidos Mexicanos y los tratados internacionales suscritos por el Estado mexicano integran, en su conjunto, un «parámetro de control de regularidad constitucional», conforme al cual debe analizarse la validez de las normas y actos que forman parte del orden jurídico mexicano.

73. De igual forma, en cuanto a la obligatoriedad de los criterios de la Corte IDH, expresó que resultan vinculantes para los jueces nacionales con independencia de que el Estado mexicano haya sido parte en el litigio, toda vez que dotan de contenido a los derechos humanos establecidos en la CADH. No obstante, la aplicación de dicha jurisprudencia deberá hacerse en términos de colaboración y no contradicción con la jurisprudencia nacional, atendiendo en todo momento al principio pro persona.

(…)

C. Línea jurisprudencial interamericana sobre prisión preventiva.

84. En el sistema regional de protección de derechos humanos, la Corte IDH ha construido una abundante doctrina sobre la prisión preventiva. Tan sólo citaremos algunos de los casos más relevantes.

(…)

98. Recientemente la Corte IDH emitió dos sentencias de condena en contra de México, por violación a derechos humanos con motivo de la aplicación de la figura de la prisión preventiva oficiosa (entre otras violaciones).

99. El primer caso es el de Tzompaxtle Tecpile y otros Vs. México, en donde las víctimas estuvieron privadas de la libertad en prisión preventiva desde el veintidós de abril de dos mil seis al dieciséis de octubre de dos mil ocho, y que la decisión judicial que dispuso la aplicación de ésta se refiere a los artículos 161 y 168 del Código Federal de Procedimientos Penales. Al respecto, conviene destacar los pronunciamientos medulares de ese fallo:

* El artículo 161 del Código Federal Procesal Penal de 1999 no hace referencia a las finalidades de la prisión preventiva, ni a los peligros procesales que buscaría precaver, ni tampoco a la exigencia de hacer un análisis de la necesidad de la medida frente a otras menos lesivas para los derechos de la persona procesada, como lo serían las medidas alternativas a la privación a la libertad.

* Las únicas circunstancias que los tribunales podrían tomar en cuenta a la hora de evaluar la imposición de esta medida cautelar es que se encuentre comprobada una circunstancia eximente de responsabilidad o de extinción de responsabilidad. No se considera, por ejemplo, la necesidad de valorar la concurrencia de circunstancias atenuantes de responsabilidad ni el grado de desarrollo del delito. Por lo tanto, tal como está concebida, la prisión preventiva no tiene finalidad cautelar alguna y se transforma en una pena anticipada.

* La lectura del artículo 161 del Código Federal Procesal Penal de 1999, establece preceptivamente la aplicación de la prisión preventiva para los delitos que revisten cierta gravedad una vez establecidos los presupuestos materiales, sin que se lleva a cabo un análisis de la necesidad de la cautela frente a las circunstancias particulares del caso.

* Dicho artículo, contenía cláusulas que, per se, resultaban contrarias a varios derechos establecidos en la Convención Americana, como lo son el derecho a no ser privado de la libertad arbitrariamente (art. 7.3), al control judicial de la privación de la libertad (art. 7.5), y a la presunción de inocencia (art. 8.2). En esa medida, la Corte concluye que el Estado vulneró su obligación de adoptar disposiciones de derecho interno contenida en el artículo 2 de la Convención Americana en relación con el derecho a la libertad personal (artículo 7) y la presunción de inocencia (artículo 8.2) del mismo instrumento.

* No hay duda acerca de que la prisión preventiva oficiosa era contraria a la Convención, por ende, resulta inconvencional, porque incluso vulnera algunos de los principios del sistema penal acusatorio como el principio del contradictorio, la igualdad de armas entre las partes en el proceso, la inmediación, y la publicidad.

* Si bien es cierto que la normatividad mediante la cual se aplicó la prisión preventiva a los hechos del caso ha variado, para esta Corte no cabe duda que los aspectos que la hacen incompatible con la Convención Americana,

según lo señalado supra, persisten en su redacción actual. Por otra parte, en lo que se refiere a la figura de la prisión preventiva, esta Corte ordena al Estado, como lo ha hecho en otros casos, adecuar su ordenamiento jurídico para que sea compatible con la Convención Americana.

100. El segundo caso y el más relevante —por el análisis ampliado de la figura de la prisión preventiva oficiosa— es el de García Rodríguez Vs. México. En este caso, Daniel García Rodríguez y Reyes Alpízar Ortiz fueron privados de la libertad durante el desarrollo del proceso penal desde que fueron decretadas las medidas de arraigo en el dos mil dos hasta el veintitrés de agosto de dos mil diecinueve cuando fueron puestos en libertad y sujetos al sistema de rastreo y localización.

101. En esa sentencia, la Corte IDH analizó la compatibilidad de la prisión preventiva oficiosa (prevista en el artículo 19 constitucional y en el Código de Procedimientos Penales para el Estado de México de dos mil) con la CADH. De esa decisión se pueden destacar los siguientes puntos medulares:

♣ Nos encontramos frente a un tipo de prisión preventiva automática o de oficio cuando se imputan ciertos delitos sin que las autoridades tengan la posibilidad de determinar la finalidad, la necesidad o la proporcionalidad de la medida cautelar en cada caso. El artículo 319 del Código de Procedimientos Penales para el Estado de México de 2000 y 19 de la Constitución de acuerdo a su texto reformado en el año 2008, los cuales fueron aplicados en el presente caso, contenían cláusulas, y siguen conteniendo en el caso del artículo 19 de la Constitución, que, per se, resultaban contrarias a varios derechos establecidos en la Convención Americana.

♣ Lo anterior resulta aún más problemático debido a la jurisprudencia de la Suprema Corte de Justicia de México en la contradicción de tesis 293/2011, por medio de la cual aceptó que las restricciones expresas contenidas en la Constitución Nacional desplazaban a las normas internacionales, entre las cuales se encuentran las de la Convención Americana y las demás integrantes del Sistema Interamericano de Derechos Humanos.

♣ Las distintas autoridades estatales tienen la obligación de ejercer ex officio un control de convencionalidad entre las normas y prácticas internas y la Convención Americana, en el marco de sus respectivas competencias y de las regulaciones procesales correspondientes. Para llevar a cabo esa tarea, las autoridades internas deben tener en cuenta no solamente el tratado, sino también la interpretación que del mismo ha hecho la Corte, como última intérprete de la Convención.

♣ En el caso de la prisión preventiva oficiosa, el trato diferenciado puede verificarse en el hecho de que quienes están imputados de cometer ciertos delitos no tendrán posibilidad de controlar ni de defenderse adecuadamente de la medida toda vez que hay un mandato constitucional que impone preceptivamente la medida cautelar privativa de la libertad.

♣ En cualquier momento en que aparezca que la prisión preventiva no satisface estas condiciones, deberá decretarse la libertad, sin perjuicio de que el proceso respectivo continúe. La extensión por más de 17 años de la prisión preventiva significó en los hechos que se aplicara a los procesados una pena encubierta sin una condena, puesto que constituyó una medida punitiva sin previo juicio acompañado de sus garantías, y por un lapso que excede todo plazo razonable ya que éste correspondió aproximativamente a la mitad de la pena que se impuso en la sentencia condenatoria.

♣ El Estado es responsable por la violación al derecho a la libertad personal contenido en los artículos 7.1, 7.3, y 7.5 de la Convención Americana sobre Derechos Humanos, al derecho a la presunción de inocencia reconocido en el artículo 8.2 del mismo instrumento, y el derecho a la igualdad ante la ley establecido en el artículo 24 de dicho tratado, todos esos derechos en relación con la obligación de respetar y de garantizar los derechos establecida en el artículo 1.1 de la Convención, así como la obligación de adoptar disposiciones de derecho interno contenida en el artículo 2 de dicho instrumento, por la aplicación de la prisión preventiva oficiosa, establecida en el artículo 19 de la Constitución mexicana y en el Código de Procedimientos Penales para el Estado de México de 2000.

♣ Para esta Corte no cabe duda de que los aspectos que la hacen incompatible con la Convención, persisten en su redacción actual.

♣ En lo que se refiere a la figura de la prisión preventiva oficiosa, esta Corte ordena al Estado, como lo ha hecho en otros casos, adecuar su ordenamiento jurídico, incluyendo sus disposiciones constitucionales, para que sea compatible con la Convención Americana.

♣ En ese sentido, es necesario que la aplicación de las normas o su interpretación, en tanto prácticas jurisdiccionales y manifestación del orden público estatal, se encuentren ajustadas al mismo fin que persigue el artículo 2 de la Convención. Conforme a lo expuesto, se recuerda que las autoridades internas, al aplicar la figura de la prisión preventiva, deben ejercer un adecuado control de convencionalidad para que las mismas no afecten los derechos contenidos en la Convención Americana de las personas investigadas o procesadas por un delito, atendiendo el principio pro persona.

♣ En ese sentido, corresponde reiterar que cuando un Estado ha ratificado un tratado internacional como la Convención Americana, todos sus órganos, incluidos sus jueces y juezas, están sometidos a aquél, lo cual les obliga a velar por que los efectos de las disposiciones de la Convención no se vean mermados por la aplicación de normas contrarias a su objeto y fin, sean éstas de naturaleza constitucional o legal, por lo que -en el marco de sus respectivas competencias y de las regulaciones procesales correspondientes- las magistraturas y órganos vinculados a la administración de justicia en todos los niveles están en la obligación de ejercer ex officio un control de convencionalidad entre las normas internas y la Convención Americana, y en esta tarea, deben tener en cuenta no solamente el tratado, sino también la interpretación que del mismo ha hecho la Corte Interamericana, intérprete última de la Convención Americana.

D. Análisis del caso concreto

102. En principio, este tribunal revisor estima que debe concederse el amparo solicitado por los quejosos, porque este órgano de amparo, al ejercer control de convencionalidad sobre la actuación impugnada, advierte que la aplicación de la prisión preventiva oficiosa, en los términos fijados en el acto reclamado, resulta contraria a los derechos a la libertad personal, presunción de inocencia e igualdad en y ante la ley, previstos en la CADH y, por ende, dicha práctica judicial deviene inconvencional. Se explica:

103. Del acto reclamado se advierte que el Juez de control, a petición de la fiscalía, impuso al peticionario de amparo la medida cautelar de prisión preventiva oficiosa, la cual tendría vigencia durante todo el tiempo que durara el procedimiento y que no podría exceder de dos años.

104. Como sustento de esa determinación, la autoridad responsable se apoyó, primordialmente, en los artículos 19, párrafo segundo de la Constitución Política de los Estados Unidos Mexicanos y 167, párrafo tercero del Código Nacional de Procedimientos Penales. Según hemos señalado, estos preceptos prevén un esquema de prisión preventiva oficiosa, que se conforma por un catálogo de delitos que ameritan la imposición de esa medida cautelar.

105. Así, tomando en consideración que la fiscalía formuló imputación a los quejosos por el hecho delictuoso de Homicidio calificado, y en virtud de que dicho delito se encuentra comprendido en dichos artículos, el juez responsable impuso a los quejosos la medida cautelar de prisión preventiva oficiosa.

106. Como se adelantó, el acto reclamado, en el que se aplicó el esquema de prisión preventiva oficiosa del hecho que la ley señala como delito de Homicidio calificado, resulta contrario a la CADH y a la jurisprudencia de la Corte IDH.

107. En efecto, siguiendo la metodología diseñada por la Primera Sala de la SCJN en la jurisprudencia 1a./J. 84/2022 (11a.) y por el Pleno de dicho alto tribunal al resolver el expediente varios 912/2012, los principios de interpretación conformes e interpretación pro persona, así como los criterios vinculantes establecidos por la Corte IDH, particularmente los casos Tzompaxtle Tecpile y otros Vs. México y García Rodríguez Vs. México, tenemos lo siguiente:

108. De acuerdo con las circunstancias del caso, se deriva que la medida cautelar de prisión preventiva oficiosa impuesta al quejoso […], viola el derecho a la libertad personal contenido en los artículos 7.1, 7.3, y 7.5; el derecho a la presunción de inocencia reconocido en el artículo 8.2, y el derecho a la igualdad en y ante la ley establecido en el artículo 24, todos previstos en la CADH.51 B. Fuente del derecho humano.

109.En este caso, los derechos que se encuentran en juego se encuentran reconocidos en la CADH, y han sido desarrollados por el tribunal interamericano en su jurisprudencia vinculante sin que pase inadvertido que estos derechos también se contemplan en los artículos 1, 16 y 20 de la Constitución Política de los Estados Unidos Mexicanos; no obstante, para realizar el examen de convencionalidad, resulta suficiente atender a las normas de derechos humanos contenidas en la CADH, máxime cuando la Corte IDH interpretó el contenido del Pacto de San José y tanto la CADH como la jurisprudencia interamericana resultan más favorables para la parte quejosa.

C. Estudio de la convencionalidad.

110. De acuerdo con las pautas hermenéuticas de interpretación conforme y principio pro persona, este Tribunal Colegiado de Circuito aprecia que el acto reclamado, en el que se aplicó el esquema de prisión preventiva oficiosa a los quejosos, no admite una interpretación conforme con las disposiciones convencionales ni con la jurisprudencia interamericana, además que en el caso resulta más favorable la aplicación de la CADH y la interpretación que llevó a cabo la Corte IDH sobre la figura de la prisión preventiva oficiosa.

111.En efecto, este tribunal identifica, en primer término, que la medida impuesta a los quejosos vulnera los derechos a la libertad personal y a la presunción de inocencia, en virtud de que el esquema de la figura de prisión preventiva oficiosa no hace referencia a las finalidades de dicha medida preventiva, ni a los peligros procesales que buscaría preservar; tampoco prevé la exigencia de hacer un análisis de la necesidad de la medida frente a otras menos lesivas para los derechos de la persona procesada, como lo serían las medidas alternativas a la privación a la libertad. Incluso, la prisión automática se constituye como una regla general y no como una excepción.

112. Además, la prisión preventiva oficiosa no permite evaluar, a priori, que se presenten presupuestos materiales relacionados con la existencia de un hecho ilícito y con la vinculación de la persona procesada a ese hecho. Tampoco está sujeta al tamiz del test de proporcionalidad, lo que implica evaluar que la finalidad de la medida sea legítima (compatible con la CADH), idónea para cumplir con el fin que se persigue, necesaria y estrictamente proporcional en cada caso.

113. De igual forma, la prisión automática no exige que la decisión que la imponga contenga una motivación judicial suficiente que permita evaluar si se ajusta a las condiciones señaladas, pues basta que la medida sea solicitada por la fiscalía y que el delito o delitos se encuentren previstos en el catálogo que prevén los artículos 19, párrafo segundo de la Constitución Federal y 167, párrafos tercero, cuarto y quinto del código procesal nacional, para que el órgano jurisdiccional la imponga, sin que esté obligado a motivar su decisión.

114. En la misma línea de ideas, la prisión cautelar oficiosa no obliga ni al Ministerio Público ni al órgano jurisdiccional a justificar la necesidad de la cautela frente a las circunstancias particulares del caso concreto, por lo

que, a diferencia de otras medidas cautelares, no se exige verificar si existe riesgo de que la persona imputada se sustraiga de la acción de la justicia; que se ponga en riesgo la integridad de la víctima, del ofendido, de los testigos, y/o la comunidad, o bien, que se ponga en peligro el desarrollo de la investigación o del proceso.

115. Desde este enfoque, la prisión automática supone, para la persona procesada, una pena encubierta sin una condena, puesto que constituye una medida punitiva sin previo juicio acompañado de sus garantías, y por un lapso que, incluso, puede ser prolongado y en algunos casos indeterminado, sin que sea posible evaluar si subsisten razones que motivaron la adopción de la medida cautelar. Por lo tanto, la medida impide que, durante el proceso penal, se considere a la persona como inocente, pues, en estos términos, se está anticipando la pena de prisión sin justificación alguna. Desde esta óptica, la prisión cautelar oficiosa, lejos de preservar su naturaleza de providencia cautelar se convierte en una medida punitiva.

116. Por otro lado, se puede constatar la violación al derecho a la igualdad, en y ante la ley, en virtud de que la prisión preventiva oficiosa comporta un trato diferenciado, que puede verificarse en el hecho de que las personas imputadas por cometer ciertos delitos no tienen posibilidad de controlar ni de defenderse adecuadamente de la medida, en tanto existe un mandato constitucional y legal que impone preceptivamente la medida cautelar privativa de la libertad.

117. En ese tenor, la aplicación automática de la prisión preventiva oficiosa sin considerar el caso concreto y las finalidades legítimas para restringir la libertad de la persona, así como su situación diferencial respecto de otros que, también al ser imputados por delitos, no se les impone de manera automática dicha medida cautelar, supone necesariamente una lesión al derecho a la igualdad ante la ley previsto en el artículo 24 de CADH.

118. Por lo demás, debe decirse que la prisión cautelar, al ser una medida tasada, colisiona con los principios del sistema procesal penal acusatorio, particularmente el de contradicción, igualdad de armas entre las partes, inmediación y publicidad, porque excluye la posibilidad de que las partes, frente a la persona juzgadora, puedan debatir sobre la imposición de la prisión automática.

D. Determinación.

119. De conformidad con las consideraciones que anteceden —que se sustentan principalmente en la jurisprudencia de la Corte IDH—, este Tribunal Colegiado de Circuito concluye que, el examen de convencionalidad ha evidenciado que el acto reclamado en el que se establece el esquema de prisión preventiva oficiosa, contradice los derechos humanos a la libertad personal, presunción de inocencia e igualdad en y ante la ley, previstos en los artículos 7.1, 7.3, 7.5, 8.2 y 24, de la CADH.

120. Es preciso apuntar que el examen de convencionalidad que ha empleado este tribunal colegiado es una manifestación de garantía y protección de los derechos humanos de las personas, y puede realizarse incluso de oficio, al tiempo que constituye un compromiso internacional que debe ser cumplido, en la medida en que, en ejercicio del control primario de convencionalidad, este órgano de control constitucional está obligado a velar que las disposiciones de la CADH no se vean mermadas por la aplicación de normas y prácticas contrarias a su objeto y fin, lo que incluye la obligación de acatar la jurisprudencia vinculante de la Corte IDH.

121. Ciertamente, debe recordarse que en el caso García Rodríguez Vs. México, la Corte IDH fue enfática: Las distintas autoridades estatales tienen en la obligación de ejercer ex officio un control de convencionalidad entre las normas y prácticas internas y la Convención Americana, en el marco de sus respectivas competencias y de las regulaciones procesales correspondientes [...] se recuerda que las autoridades internas, al aplicar la figura de la prisión preventiva, deben ejercer un adecuado control de convencionalidad para que las mismas no afecten los derechos contenidos en la Convención Americana de las personas investigadas o procesadas por un delito.

122. Además, según hemos establecido, de los artículos 1, párrafos segundo y tercero, y 133 de la Constitución Política de los Estados Unidos Mexicanos se deriva la obligación para las autoridades del Estado de mexicano de realizar control de convencionalidad ex officio, con la finalidad de tutelar los derechos humanos previstos no sólo en la Ley Fundamental sino además en los tratados internacionales suscritos por México. En ese sentido, los derechos humanos contenidos en la CADH también forman parte del texto constitucional y, por ende, las autoridades internas están obligadas a promoverlos, respetarlos, protegerlos y garantizarlos.

123. De esta manera, el control de convencionalidad efectuado por este tribunal revisor supone, además, la aplicación del principio pro persona en sus vertientes de selección tanto de la norma aplicable como de la interpretación que resulten más favorables para la persona, que en este caso son las disposiciones de la CADH y la jurisprudencia vinculante de la Corte IDH.

124. Por tanto, este órgano colegiado, atendiendo al planteamiento de convencionalidad y en observancia a los normas de derechos humanos contenidas en la CADH y en estricto acatamiento a la jurisprudencia interamericana, ha concluido que el acto reclamado, que contiene el esquema de prisión preventiva oficiosa, resulta contrario a los derechos humanos a la libertad personal, presunción de inocencia e igualdad en y ante la ley, previstos en los artículos 7.1, 7.3, 7.5, 8.2 y 24, de la CADH.

125. De ahí que, al resultar inconvencional la medida cautelar impuesta a los promoventes de amparo, debe concederse el amparo solicitado, reasumiendo jurisdicción este tribunal. En consecuencia, el juez responsable deberá citar a las partes a una audiencia, en la que deberá dejar sin efectos la medida cautelar de prisión preventiva oficiosa y, previo debate, deberá imponer una o varias medidas cautelares, pero distintas de

la prisión preventiva automática. En el entendido que lo que está vedado es imponer la medida cautelar de prisión preventiva oficiosa, no así la prisión preventiva justificada.

126. Por último, debe aclararse que esta ejecutoria se limitó al examen de convencionalidad del acto reclamado que contiene la figura de la prisión preventiva oficiosa y se optó por la aplicación de la CADH y de la jurisprudencia de la Corte IDH sobre el tema, sin que dicho ejercicio comprendiera el análisis de convencionalidad de los artículos 19, párrafo segundo de la Constitución Federal y 167, párrafos tercero, cuarto y quinto del Código Nacional de Procedimientos Penales.

127. Bajo las premisas apuntadas es innecesario el análisis de los conceptos de violación respecto de la convencionalidad de las normas impugnadas, pues el fin pretendido por los quejosos ya fue alcanzado.

128. Conclusión. Con base a lo anterior, lo procedente es revocar la resolución recurrida y conceder el amparo contra la medida cautelar de prisión preventiva oficiosa, por las razones precisadas en esta ejecutoria.

129. Finalmente, **se ordena a la Secretaría de Tesis realizar los criterios necesarios para dar publicidad a la decisión aquí establecida, con el objeto de que los juzgadores puedan tomar esta decisión como un criterio orientador**, por lo que se deberá otorgar publicidad primigenia a los amparos en revisión 284/2022 y 197/2023, en los que se adoptó por primera vez el criterio sobre la inconvencionalidad del acto consistente en la medida cautelar de prisión preventiva oficiosa.

130. Efectos de la tutela constitucional. De conformidad con los artículos 73, 74, fracción V y 77, fracción I de la Ley de Amparo, procede conceder el amparo solicitado a los quejosos ******* *********** ***** ****** y ******* ******* *******, respecto de la medida cautelar de prisión preventiva oficiosa para el efecto de que el Juez de Control responsable, realice lo siguiente:

a) De forma inmediata cite a las partes a una audiencia sobre debate e imposición de medidas cautelares.

b) En la propia audiencia, deje insubsistente únicamente en el segmento en el que impuso a los quejosos la medida cautelar de prisión preventiva oficiosa.

c) Previa solicitud y debate entre las partes procesales, determine con plenitud de jurisdicción, la medida o medidas cautelares que deban imponerse a los peticionarios de amparo.

d) Además de la versión oral, emita por escrito su decisión, de conformidad con el artículo 67, párrafo segundo, fracción V, del Código Nacional de Procedimientos Penales.
(…)". (Lo resaltado no es de origen).

Esa determinación, sin duda, contiene un amplio examen sobre el tópico de la prisión preventiva oficiosa y, como en la misma se indica, es un referente orientador.

Lo anterior, destacando, como se dice en la propia resolución, que esa ejecutoria se limitó al examen de convencionalidad del acto reclamado que contiene la figura de la prisión preventiva oficiosa y se optó por la aplicación de la Convención Americana Sobre Derechos Humanos y de la jurisprudencia de la Corte Interamericana de Derechos Humanos sobre el tema, sin que dicho ejercicio comprendiera el análisis de convencionalidad de los artículos 19, párrafo segundo de la Constitución Federal y 167, párrafos tercero, cuarto y quinto del Código Nacional de Procedimientos Penales.

Capítulo 4. Revisión de la prisión preventiva oficiosa

1. Mutabilidad de la resolución sobre prisión preventiva:

a) La característica de mutabilidad es propia de las medidas cautelares y, permite reconsiderar la necesidad de su imposición o vigencia (Tesis 2018598 del Primer Tribunal Colegiado en Materias Penal y Administrativa del Décimo Séptimo Circuito).

b) Por regla general no impera el principio de cosa juzgada en el tema de prisión preventiva (Tesis 2018598 del Primer Tribunal Colegiado en Materias Penal y Administrativa del Décimo Séptimo Circuito).

La prisión preventiva oficiosa se impone a partir de que a una persona se le atribuya la comisión de un hecho delictivo de los previstos en la parte final del segundo párrafo del artículo 19 de la Constitución Federal, en realidad poco importa aquello que se argumente, basta con que se trate de alguno de los injustos.

Anteriormente era inimaginable pensar en la posibilidad de que a una persona pudiera variarse la prisión preventiva oficiosa que se le hubiera determinado.

Sin embargo, esa cuestión ha evolucionado paulatinamente; al grado que actualmente es posible modificar la prisión preventiva oficiosa con el sólo trascurso de determinado tiempo.

Ello, desde luego, me lleva a pensar en la viabilidad de solicitar la revisión de tal medida en cualquier momento después de decretada. Estimo que habrá casos en los cuales no existirá variación de condiciones entre un momento y otro; empero, habrá otros en los que un día puede llevar a considerar que variaron las condiciones objetivamente; por ejemplo, cuando una persona determinado día tiene dos años de prisión preventiva oficiosa y al día siguiente ya tiene más de dos años de prisión.

Entonces, concluyendo sobre este tópico, no existe prohibición en cuanto al número de ocasiones en que se puede solicitar la revisión de la prisión preventiva oficiosa.

2. Legitimación para solicitar la revisión de la prisión preventiva oficiosa: La persona que guarda reclusión y su defensa pueden solicitar la revisión de la prisión preventiva oficiosa directamente con el Juez de Control o en su defecto con el Tribunal de Enjuiciamiento, previo a que tenga la calidad de sentenciado en definitiva.

Al margen de ello, el juez debe revisar la prisión preventiva de oficio a los dos años de su imposición en términos del artículo 20, apartado B, fracción IX, de la Constitución General de la República (Jurisprudencia 2024608 de la Primera Sala de la Suprema Corte de Justicia de Nación; tesis 2026858 del Tercer Tribunal Colegiado en Materias Penal y Administrativa del Décimo Octavo Circuito y tesis 2025434 del Cuarto Tribunal Colegiado en Materia Penal del Primer Circuito).

3. Oportunidad temporal para solicitar la revisión de la prisión preventiva oficiosa: a partir de su imposición y hasta antes de que exista sentencia ejecutoria (Tesis 2015273 del Cuarto Tribunal Colegiado en Materia Penal del Primer Circuito).

Conforme a lo dispuesto por el artículo 20 de la Constitución Federal, la oportunidad de la solicitud de revisión se puede dividir en dos momentos; a saber, (A) Dos años después de su imposición y (B) Antes de los dos años de su imposición.

A) Dos años de su imposición:

Como adelantaba, la prisión preventiva debe revisarse de oficio a los dos años de su imposición en términos del artículo 20, apartado B, fracción IX, de la Constitución General de la República[8].

Ese plazo para la revisión opera tratándose del Sistema Acusatorio y del Sistema Penal Mixto. En ambos casos se rige por las reglas establecidas en el Código Nacional de Procedimientos Penales. (Tesis 2025434 del Cuarto Tribunal Colegiado en Materia Penal del Primer Circuito).

De igual forma, se precisa que para su revisión no importa que se trate de los delitos anteriormente considerados como graves o actualmente como de prisión preventiva oficiosa; esto es, aun en los casos de Delincuencia Organizada y Secuestro opera la posibilidad de revisión de la medida a petición de parte o de oficio después de trascurridos dos años de su imposición.

Ahora, se debe aclarar que el trascurso del tiempo no obliga a remover la medida cautelar si se encuentra justificada por ejemplo en el ejercicio de defensa del imputado (Tesis 2013848 del Noveno Tribunal Colegiado en Materia Penal del Primer Circuito (2016)).

Cierto, la procedencia y el análisis sobre la revisión de la medida no tienen el alcance de que el juzgador declare procedente, de facto o en automático, la sustitución, modificación o cese de la misma, sino que ello está sujeto a los parámetros normativos aplicables del Código Nacional de Procedimientos Penales (Tesis 2026858 del Tercer Tribunal Colegiado en Materias Penal y Administrativa del Décimo Octavo Circuito).

Para la revisión de la medida de prisión preventiva no es obstáculo el hecho de que exista un conflicto competencial para conocer de la causa penal, pues está de por medio la libertad (Tesis 2019554 del Tercer Tribunal Colegiado en Materia Penal del Segundo Circuito).

---

[8] Jurisprudencia 2024608 de la Primera Sala de la Suprema Corte de Justicia de Nación; tesis 2026858 del Tercer Tribunal Colegiado en Materias Penal y Administrativa del Décimo Octavo Circuito y tesis 2025434 del Cuarto Tribunal Colegiado en Materia Penal del Primer Circuito.

B) Menos de dos años de la imposición:

Es posible que la medida cautelar de prisión preventiva oficiosa pueda ser modificada antes del plazo de dos años, cuando varíe de manera objetiva la causa generadora de su imposición, como acontece en los siguientes casos[9]:

a) Que durante el desarrollo del proceso cambie la clasificación jurídica del delito por el que se impuso la referida medida cautelar, por uno que no esté previsto expresamente dentro del catálogo constitucional y legal respecto de los que procede que se decrete la prisión preventiva oficiosa, como por ejemplo cuando:

- El Ministerio Público al formular acusación al inicio de la etapa intermedia, establece una clasificación jurídica distinta a la referida en el auto de vinculación a proceso;

- En la etapa de juicio, en el alegato de apertura o en el de clausura, el Ministerio Público plantee una reclasificación respecto del delito invocado en su escrito de acusación;

- Al dictarse sentencia condenatoria en primer grado, el Tribunal de Enjuiciamiento, sin sobrepasar los hechos probados, acredite un delito cuya clasificación jurídica sea distinta a la hecha en la acusación o en los alegatos de apertura o de cierre; y,

- Que el Ministerio Público al solicitar el procedimiento abreviado, lo haga señalando una clasificación jurídica del delito diversa a la fijada en el auto de vinculación a proceso.

b) Que durante el desarrollo del proceso el imputado actualice alguno de los casos previstos en el artículo 166 del Código Nacional de Procedimientos Penales, por los que se excepciona que la prisión preventiva se lleve a cabo dentro de un centro de reclusión, lo que implica variaciones objetivas de la causa generadora bajo un tamiz basado en las **condiciones físicas, de**

---

[9] (Tesis 2025238 del Primer Tribunal Colegiado en Materia Penal del Primer Circuito)

edad y/o médicas de la persona imputada, y en las que aun subsistiendo la imposición de dicha medida cautelar, podría modificarse el lugar en que debiera continuar con el proceso penal seguido en su contra.

c) Que en términos del octavo párrafo del artículo 167 del código citado, las partes manifiesten la voluntad de celebrar un acuerdo reparatorio de cumplimiento inmediato, con base en el cual, el Ministerio Público debe solicitar al órgano jurisdiccional la sustitución de la medida cautelar para que las partes puedan concretar dicho acuerdo con el apoyo del órgano especializado en la materia.

4. Legislación que rige el tema de la revisión, modificación o sustitución de la prisión preventiva:

Los inculpados en el sistema procesal penal mixto que soliciten la revisión de la prisión preventiva, deben hacerlo en términos del Código Nacional de Procedimientos Penales (Tesis 2015309 de la Primera Sala de la Suprema Corte de Justicia de la Nación).

Asimismo, los imputados en el Sistema Penal Acusatorio que soliciten la revisión de la prisión preventiva oficiosa deben sujetarse a lo que establece el Código Nacional de Procedimientos Penales en su sustanciación.

5. Órgano competente para efectuar la revisión de la medida de la prisión preventiva oficiosa:

A) Cuando el inculpado se encuentra detenido sujeto a prisión preventiva, la solicitud de revisión de prisión preventiva debe realizarse ante el Juez natural no ante el juez de amparo, acorde a la legislación de la materia en vigor; pues recordemos que la abrogada Ley de Amparo permitía a los juzgadores de amparo conceder en la suspensión la libertad bajo caución, pero esa figura jurídica ya no existe en el Sistema Acusatorio (Tesis 2013991 del Tercer Tribunal Colegiado en Materia Penal del Primer Circuito).

B) Corresponde al Juez de control, no a los Jueces de Distrito Especializados en el Sistema Penal Acusatorio, con competencia en ejecución, porque al Juez de control le corresponde, previa petición del Ministerio Público o de la víctima u ofendido o su asesor jurídico, imponer medidas cautelares —entre ellas, la de prisión preventiva— y establecer los lineamientos para su aplicación, las que podrá, a la postre, de haber variado objetivamente las condiciones que justificaron su imposición, revisarlas y modificarlas. En tanto que al Juez de ejecución, tratándose de imputados sujetos a prisión preventiva, tras recibir la noticia de la imposición de esa medida cautelar, le corresponde conocer únicamente sobre controversias relativas a: sus condiciones de internamiento, plan de actividades, los derechos de quienes soliciten ingresar al centro penitenciario como visitantes, la duración, modificación y extinción de la pena y de sus efectos y de las medidas de seguridad (Tesis 2020945 del Segundo Tribunal Colegiado en Materia Penal del Sexto Circuito).

C) El proceso penal acusatorio consta de varias etapas: investigación, intermedia o de preparación y de juicio. Si la solicitud de revisión se plantea en la etapa intermedia, será el Juez de Control quien resuelva; empero, si se solicita después de la emisión del auto de apertura a juicio, será el Tribunal de Enjuiciamiento el que determine lo conducente vía incidental (Tesis 2024472 del Segundo Tribunal Colegiado en Materias Penal y Civil del Vigésimo Circuito).

Lo anterior, porque conforme al marco legal que rige el proceso penal acusatorio, éste consta de varias etapas; las cuales, de acuerdo con el artículo 211 del Código Nacional de Procedimientos Penales, son las siguientes: investigación, intermedia o de preparación y de juicio. Asimismo, de conformidad con el citado ordenamiento, los procesos penales se rigen por una serie de principios, entre los cuales destaca el de continuidad, el cual dispone que las audiencias se llevarán a cabo de forma continua, sucesiva y secuencial; por esa razón, las partes en el procedimiento se encuentran obligadas a hacer valer sus inconformidades en el momento o etapa correspondiente, ya que de no hacerlo así, se entenderá agotada la posibilidad de solicitarlo. También se advierte que la etapa intermedia comprende desde la formulación de la acusación hasta el auto de apertura a juicio, con el cual concluye dicha etapa. De ahí que si bien es cierto que las normas que regulan la revisión de las medidas cautelares no establecen qué Jueces en específico, de Control o Enjuiciamiento, deben resolver dicha evaluación, su facultad debe entenderse conforme a las fases del procedimiento penal, a saber, si se plantea en la etapa intermedia, será el Juez de Control quien resuelva; empero, si se solicita después de la emisión del auto de apertura a juicio, será el Tribunal de Enjuiciamiento el que determine lo conducente.

Ello, con la aclaración de que existen Circuitos Judiciales en los cuales, aun después de dictado el auto de apertura a juicio, son los jueces de Control quienes se pronuncian sobre el tópico que nos ocupa, con la finalidad de que el Tribunal de Enjuiciamiento no se vaya a contaminar con la información que se proporcione.

6. Sustanciación:

A) Emplazamiento de víctima: Se debe emplazar a la víctima para resolver el incidente no especificado promovido para la revisión, sustitución, modificación o cese de la prisión preventiva oficiosa, a fin de abrir el debate correspondiente (Tesis 2016294 del Tribunal Colegiado en Materias Penal y Administrativa del Décimo Tercer Circuito). Sus argumentos deben considerarse al resolver.

B) Audiencia de debate: Debe desarrollarse en audiencia atendiendo a las reglas del Código Nacional de Procedimientos Penales. Debe escucharse si la Fiscalía tiene oposición, la víctima y/o parte ofendida, quienes tienen la obligación de probar ante la autoridad judicial que, en su caso, debe prevalecer la prisión preventiva oficiosa cuando se actualicen las hipótesis de razonabilidad que la Primera Sala determinó en el amparo en revisión 315/2021 (complejidad del asunto, actividad procesal del interesado y conducta de las autoridades judiciales) (Tesis 2024926 del Quinto Tribunal Colegiado en Materia Penal del Primer Circuito).

C) Oralidad, publicidad, contradicción, concentración, continuidad e inmediación: La revisión de la medida cautelar de prisión preventiva debe realizarse en observancia de la característica de oralidad y bajo los principios de publicidad, contradicción, concentración, continuidad e inmediación, que distinguen el proceso penal acusatorio (Tesis 2018262 del Primer Tribunal Colegiado en Materia Penal del Primer Circuito).

D) Registro de la audiencia: La audiencia y resolución respectivas deben registrarse mediante el uso de cualquier medio tecnológico que tenga a su disposición el órgano jurisdiccional en una videograbación que conste en soporte material (Tesis 2018261 del Primer Tribunal Colegiado en Materia Penal del Primer Circuito).

7. Litis en la revisión de la medida:

La Primera Sala de la Suprema Corte de Justicia de la Nación al resolver el Amparo en Revisión 315/2021, precisó lo siguiente:

"(...) 71. En caso de que el plazo de duración de la prisión preventiva oficiosa deba prolongarse, esta decisión de la autoridad jurisdiccional deberá estar sujeta a un escrutinio elevado en justificación, que evitará que esta medida cautelar se extienda innecesariamente.
(...)"

Asimismo, determinó:

"(...) 72. De conformidad con los estándares internacionales y los precedentes emitidos por la Suprema Corte de Justicia de la Nación, para realizar este escrutinio, las autoridades respectivas tomarán en cuenta tres elementos: **i) la complejidad del asunto, ii) la actividad procesal del interesado; y, iii) la conducta de las autoridades.**

73. En cuanto a la complejidad del asunto, se requiere tomar en cuenta las características del hecho delictivo, la extensión de las investigaciones y la dificultad probatoria. Respecto de la actividad procesal, no deben derivarse actos que entorpezcan la tramitación del proceso penal. <u>Se considera que interponer los medios de impugnación reconocidos por la legislación es una conducta normal realizada por la parte interesada. Sobre el último elemento, debe considerarse el grado de diligencia por parte de las autoridades en la conducción del proceso penal y las posibles dilaciones excesivas en las diversas etapas que lo constituyen.</u>

74. En ese entendido, corresponde al fiscal la carga de probar ante la autoridad judicial que, en el caso concreto, se actualizan dichos elementos, es decir, que el asunto es complejo, que la actividad procesal del interesado es la detonante de la dilación para la culminación del proceso y que la conducta de las autoridades ha sido diligente en la conducción del proceso. Y, en su caso, el Ministerio Público deberá acreditar la necesidad de que continúe la medida cautelar.(59) La consecuencia de no demostrar debidamente lo anterior, será el cese de la prisión preventiva oficiosa y dará lugar, entonces, a que se debata en la audiencia respectiva la imposición de otra u otras de las medidas cautelares que prevé el artículo 155 del Código Nacional de Procedimientos Penales, todo ello conforme a lo establecido en el artículo 161 y demás aplicables de dicho código procesal.

75. Lo expuesto, de ninguna manera se frustra por el contenido del artículo 19 constitucional, pues como se determinó, se trata de supuestos diversos, ya que este precepto –únicamente– marca las pautas para la imposición de la medida cautelar de prisión preventiva oficiosa, pero no se refiere al tiempo de duración, menos a su posible revisión, cese o prolongación.

76. Esta determinación se considera acorde con los parámetros internacionales, pues como se ha señalado, la imposición de la prisión preventiva presupone una figura de carácter excepcional, cuya finalidad es asegurar que el acusado comparezca al juicio, proteger el desarrollo de la investigación y la protección de la víctima y los testigos, siempre y cuando otras medidas cautelares no sean suficientes para cumplimentar los fines que se persiguen.

77. No obstante que la prisión preventiva oficiosa pueda cumplir los fines mencionados, tiene la trascendencia de que es impuesta de oficio –en automático– por el Juez de Control cuando se vincule a proceso a una persona por los delitos establecidos en el artículo 19 de la Constitución, de ahí que, con mayor razón, deba revisarse en los términos fijados en esta ejecutoria.
(…)".

En la sentencia de 24 de junio de 2020, dictada por la Corte Interamericana de Derechos Humanos, en el Caso Guzmán Albarracín y otras vs. Ecuador, estableció:

"(…)
180. La Corte ha señalado que el derecho de acceso a la justicia requiere que se haga efectiva la determinación de los hechos que se investigan y, en su caso, de las correspondientes responsabilidades penales en tiempo razonable, por lo que una demora prolongada puede llegar a constituir, por sí misma, una violación de las garantías judiciales.

181. Si bien es cierto que a efectos de analizar el plazo razonable de una investigación y de un procedimiento, en términos generales la Corte debe considerar la duración global de un proceso hasta que se dicte sentencia definitiva, en ciertas situaciones particulares puede ser pertinente una valoración específica de sus distintas etapas. **Este Tribunal ha considerado cuatro elementos para analizar si se cumplió con la garantía del plazo razonable, a saber: a) la complejidad del asunto, b) la actividad procesal del interesado, c) la conducta de las autoridades judiciales, y d) la afectación generada en la situación jurídica de la persona involucrada en el proceso.**

182. En primer término, sobre la *complejidad del caso*, debe señalarse que ofrece elementos de complejidad la indagación de violencia sexual cuando la víctima no puede brindar su declaración. Más allá de lo anterior, la Corte observa que se trataba de un caso con **una sola víctima**, que el Estado conoció los hechos poco tiempo después de que se habían producido, lo que facilitaba la recolección de prueba médica útil y de diversos testimonios

relevantes. Por ello, este Tribunal entiende que existía un grado medio de complejidad pues, sin perjuicio de la dificultad señalada, el caso no presentaba mayores obstáculos para la indagación efectiva de lo sucedido.

183. En lo referente a la *actividad procesal de las personas interesadas*, la Corte nota que no hay evidencia de que los familiares de Paola hubieran realizado acciones que dificultaran el avance de las investigaciones. Por el contrario, tal como surge de los hechos probados, presentaron la denuncia y participaron activamente impulsando los procesos, señalando diversos posibles elementos de prueba. Incluso la recusación presentada por la madre de Paola el 10 de noviembre de 2003 (*supra* párr. 72) no puede entenderse como un acto que pudiera demorar el proceso, sino lo contrario, dado que fue planteada precisamente por entender la señora Petita Albarracín que se estaban produciendo demoras injustificadas.

184. En lo que respecta a la *conducta de las autoridades judiciales*, ya se ha determinado, considerando el reconocimiento estatal, que hubo diversos aspectos en que la conducta estatal no siguió pautas de debida diligencia. Asimismo, la Corte advierte que existieron retrasos en las investigaciones que obedecieron a la inactividad de las autoridades. La investigación se inició en diciembre de 2002 y la prescripción de la acción penal fue declarada el 18 de septiembre de 2008 (*supra* párr. 78). De los cerca de cinco años y nueve meses que duró el proceso penal, no consta actividad alguna entre el 5 de octubre de 2005, cuando se suspendió el proceso (*supra* párr. 77), y el 18 de septiembre de 2008, cuando se declaró la prescripción de la acción penal. Si bien la suspensión del proceso implica, precisamente, el cese de actuaciones, en este caso el Estado ha reconocido que el imputado permanecía prófugo y que las autoridades estatales no realizaron acciones para que pudiera ser ubicado, lo que motivó que se declarara prescripta la acción (*supra* párrs. 16, 21 y 23). Al respecto, este Tribunal nota que el Estado no actuó con la diligencia debida a fin de localizar al Vicerrector y someterlo a proceso. Por ello, la Corte entiende que, en el caso, es pertinente considerar el tiempo transcurrido desde la suspensión del proceso. Además, antes de eso, el último acto en que autoridades estatales adelantaron acciones fue el 22 de septiembre de 2004, cuando se dispuso el aumento del monto de la caución calificada a favor del imputado (*supra* nota a pie de página 69).

185. En lo relativo a la *afectación generada en la situación jurídica de la persona involucrada en el proceso*, este Tribunal ha establecido que si el paso del tiempo incide de manera relevante en la situación jurídica del individuo, resultará necesario que el procedimiento avance con mayor diligencia a fin de que el caso se resuelva en un tiempo breve.

186. En el presente caso, tratándose de una niña víctima de violencia sexual, las autoridades judiciales tendrían que haber obrado con mayor diligencia en el marco de las investigaciones y de los procedimientos judiciales sobre los hechos del presente caso. Lo anterior se debe a que de la celeridad de esas actuaciones judiciales dependía el objetivo primordial del proceso judicial, el cual era investigar y sancionar al responsable de la violencia sexual sufrida por ella, que era un funcionario público, como así también contribuir a que los familiares conocieran la verdad sobre lo ocurrido a Paola y que se pusiera fin

a las humillaciones y a los estigmas y prejuicios denigrantes relacionados con ella que seguían afectándolos (*infra* párr. 189). Ese objetivo no pudo lograrse y el transcurso del tiempo derivó en la prescripción de la acción penal y la consecuente impunidad de los hechos. Teniendo en cuenta lo anterior, la Corte considera que se encuentra suficientemente probado que **la prolongación de las investigaciones y del proceso en este caso incidió de manera relevante y cierta en la situación jurídica de los familiares de Paola Guzmán, por cuanto al retrasarse la resolución judicial del caso, se afectó el desarrollo diario de sus vidas, así como la posibilidad de conocer la verdad de lo ocurrido.**

187. Por lo dicho, considerando el reconocimiento estatal de falta de diligencia para la aprehensión del Vicerrector y, siendo que no constan acciones sustantivas de investigación desde el 22 de septiembre de 2004 (*supra* párr. 184), es atribuible a las autoridades estatales la inactividad durante al menos cuatro años de los cerca de seis que duró el proceso. Ello basta para considerar vulnerado el plazo razonable en las actuaciones.
(…)"

De las resoluciones mencionadas se colige que puede ser razonable que una persona dure en prisión preventiva oficiosa más de dos años, siempre que al culminar ese plazo exista justificación para la continuación de la medida en razón de los siguientes factores:

Conforme a la jurisprudencia de la Suprema Corte de Justicia de la Nación	Conforme a la jurisprudencia de la Corte Interamericana de Derechos Humanos (junio de 2020)
I. La complejidad del asunto.	I. La complejidad del asunto
II. La actividad procesal del interesado.	II. La actividad procesal del interesado
III. La conducta de las autoridades.	III. La conducta de las autoridades judiciales,
	IV. La afectación generada en la situación jurídica de la persona involucrada en el proceso

Bajo esas consideraciones es imposible evadir el examen de cada uno de los supuestos que pueden hacer razonable que una persona pueda permanecer privada de la libertad por un lapso mayor al de dos años que establece la Constitución Federal.

Así, se desarrolla el siguiente estudio:

I. Complejidad del asunto

Se refiere a las características del hecho delictivo, la extensión de las investigaciones y la dificultad probatoria. En este sentido, estimo que debe ponderarse:

a) **La cantidad de delitos atribuidos al imputado o procesado**. Definitivamente no es la misma complejidad un caso que se sigue por un delito que uno instruido por diversos ilícitos; en efecto, cada delito se integra de diversos elementos y cada uno requiere de ser demostrado; de manera que, de inicio, cuantitativamente es inobjetable que es más complejo un caso que se sigue por diversos injustos que por uno.

b) **El tipo de delito o delitos atribuidos**, pues existen algunos de fácil configuración, que se integran sólo con elementos objetivos; en cambio, están otros, que se componen de elementos objetivos, normativos, subjetivos diversos al dolo que son de compleja estructura, que incluso requieren alguna calidad específica del activo o del pasivo. No es lo mismo un delito de robo a transeúnte que un robo a casa habitación con privación de la vida de una persona menor de edad; asimismo, es mucho más compleja una investigación por un delito de Delincuencia Organizada, Trata de Personas, Operaciones con Recursos de Procedencia Ilícita, Fraude o Narcotráfico que por ejemplo una indagación por un delito de Portación de Arma de Fuego sin Licencia.

c) **El número de personas imputadas o procesadas en el juicio.** En efecto, la experiencia muestra que un proceso que se sigue contra una sola persona, aun cuando se le atribuyan varios delitos, es más fácil de concluir que un proceso en el que existen varias personas vinculadas. Por ejemplo, viene a mi memoria un proceso penal en el que se encontraban vinculadas aproximadamente 20 personas en un tema de narcotráfico. Poder desahogar una prueba era cuestión sumamente compleja, porque debían estar presentes los diversos abogados que les representaban, era necesario que se les hubiera notificado de forma correcta, que ninguno de los abogados por ejemplo enfermara, aunado a lo tardado y complejo que era el desahogo de una prueba en ese contexto.

d) **El lugar donde guardan reclusión las personas vinculadas a algún proceso**. En efecto, es innegable que la forma más sencilla de llevar un proceso es encontrándose el imputado o procesado en el lugar del juicio; sin embargo, es innegable que existe una gran cantidad de procesos que se llevan por videoconferencia, lo cual, naturalmente alarga la conclusión de los mismos, porque desde la programación de cualquier audiencia debe existir coordinación y ello es tardado por más disponibilidad y diligencia que exista de los servidores públicos. Además, ello se torna mucho más complejo cuando las personas vinculadas a un proceso se encuentran en centros de reinserción social diversos y dispersos por cuestiones de seguridad y cuidado de su integridad física. Recuerdo un juicio en el que siendo aproximadamente 30 personas vinculadas a un proceso, algunas se encontraban recluidas en el Estado de Tamaulipas, otras en Michoacán, unas más en Jalisco y Estado de México, pero además, otras se encontraban libres; entonces realizar cualquier notificación y poder desahogar una audiencia era prácticamente imposible y muy retardado; pues aunado al problema que de suyo representaba organizar la logística, no siempre todos los abogados podían comparecer a juicio.

e) **Diligencias en otros países**. Cada día es más común que en un juicio deban desahogarse pruebas en coordinación con diversas naciones; esa logística es sumamente compleja trátese de pruebas documentales o testificales, pues desde la remisión misma de los comunicados existe complicación y demasiada triangulación diplomática; no se diga para coordinar el desahogo de una prueba testimonial, cumplir los requisitos de ley y, contar con los expertos traductores cuando se requiera. Comentaré que además, en esos casos se debe acatar lo que al efecto dispongan las autoridades que auxilian. Por ejemplo, en México es común que iniciada una audiencia se pueda prolongar por el día y la noche; sin embargo, como experiencia, refiero que en cierto momento me encontraba desarrollando una audiencia y justo a las catorce horas del país que auxiliaba en el desahogo de la prueba, me comentó el personal del Consulado que apoyaba que la persona que declaraba, que se encontraba detenida en aquel país, debía ser llevada a su lugar de reclusión, que si quería fuera interrogada más tiempo debía solicitar nuevo apoyo; naturalmente no podía hacer más que buscar reprogramar la diligencia de continuación de interrogatorio.

f) **Nacionalidad de imputados o procesados**. Llevar proceso penal contra una persona de diversa nacionalidad a la mexicana, natural y lógicamente representa la realización de mayores actuaciones para notificar al imputado o procesado del derecho que tiene de enterar a las autoridades de su país de origen sobre su detención y la posibilidad de su asistencia. Asimismo, las diligencias son más tardadas porque en ocasiones sí se constituyen las autoridades extranjeras a juicio y debe notificárseles de todo cuanto acontece, con la necesidad, en muchas ocasiones de realizar las traducciones respectivas por los canales legales.

g) **Distinto idioma o lenguaje al español del imputado o procesado**. Cuando se sigue proceso penal contra una persona que no habla el idioma castellano, por disposición legal y jurisprudencial se requiere de la presencia de un traductor y de un intérprete. Existen idiomas y lenguajes nativos respecto de los cuales no existe demasiada complicación para localizar un perito, incluso práctico; sin embargo, recordemos que éstos no participan sólo en una audiencia, sino en ocasiones deben hacerlo en muchas audiencias y, no a todas pueden acudir, lo cual implica que se deba prolongar el juicio. Ahora, existen idiomas y lenguas nativas respecto de las cuales no es posible localizar con facilidad un perito traductor e intérprete, desde ahí comienza la complejidad del caso, que se incrementa si deben comparecer a diferentes audiencias. En cualquiera de los casos, el tribunal debe solicitar generalmente autorización de presupuestos para pagar a esas personas que auxilian en el juicio y, ello, lógicamente implica tiempo.

h) **Evasión de presos**. Reiterando casos prácticos, puedo remitirme a cuando menos un par de asuntos cuyo trámite se vio retardado porque siendo un proceso que se seguía contra diferentes personas, alguna se evadió y ya estaban programadas pruebas con cargo a ellas.

i) **Calidad específica de la víctima o testigos**. Existen casos en los cuales las víctimas o testigos se encuentran en una situación particular de vulnerabilidad, como cuando se trata de un injusto de violación contra persona menor de edad, secuestro, tentativa de feminicidio, en los cuales, las víctimas o testigos menores de edad requieren de un apoyo legal y emocional especial y previo a participar en alguna audiencia. Ello implica un estudio anterior de las personas que participaran en la audiencia, de solicitar personas expertas para apoyo, de seguir protocolos; y, ello, naturalmente implica invertir más tiempo en el juicio.

j) **Número de víctimas**. La experiencia muestra que en la medida que en un juicio penal existen más víctimas, su tramitación es más compleja; ello, porque implica su localización material, la designación de asesores, la notificación de las determinaciones que se dicten en el juicio, su participación en audiencias por sí o representante, así como en ocasiones el recibirles pruebas y tramitar las impugnaciones que hagan contra las determinaciones que estimen no favorecen sus intereses.

k) **Diversidad de abogados**. Es innegable que cuando en un proceso penal participan varias personas con la calidad de imputados o procesados y cuentan con diferentes abogados, por ejemplo públicos y privados; en ocasiones, cada uno ofrece los medios de convicción que estima pertinentes e impugna la admisión de los que considera le afectarán. Esa diversidad de abogados me parece que en ocasiones torna complejo un caso.

l) **Conflicto de intereses**. Resulta común que en un juicio penal las personas vinculadas al mismo tengan intereses afines; sin embargo, hay casos en los cuales sus posturas son antagónicas y se realizan imputaciones recíprocas. Esas teorías opuestas generan que los procesos se dilaten.

m) **Voluminosidad del expediente** (Sistema Penal Tradicional). Cuando se está frente a procesos integrados por un gran número de anexos, su revisión e integración naturalmente es compleja.

II. La actividad procesal del interesado

Para que la actividad del imputado, procesado o su defensa pueda ser considerado como un aspecto que propiamente debe ser sancionado con más tiempo de prisión preventiva, necesariamente debe apreciarse que sus actos fueron tendentes a obstaculizar el trámite normal del proceso, a dificultar la investigación, que existió una búsqueda de su alargamiento, que hubo la dañada intención de que el juicio no siguiera sus causes legales, lo que no sucede cuando se interponen los medios de impugnación reconocidos por la legislación, pues ello es una conducta normal que no puede justificar la tardanza del juicio por sí sólo.

Respecto al último punto, es pertinente destacar que el hecho de que el imputado, procesado o su defensa hagan valer recursos ordinarios o extraordinarios reconocidos en la Ley, no debe ser considerado como una conducta que jamás justifique la prórroga de la prisión preventiva, pues como se explica enseguida, si se demuestra la evidente mala fe en su interposición, es evidente que sí puede considerarse como una conducta que afectó la culminación ordinaria de un juicio. Asimismo, la interposición de una gran cantidad de medios de impugnación cuando por ejemplo se trata de un caso de más de cien discos o expedientes, naturalmente torna complejo el proceso, supuesto en el cual pudiera justificarse la prórroga de la prisión preventiva pero no por la conducta del imputado, sino por lo complejo del caso.

En general, para que la conducta del interesado justifique la prórroga de la prisión preventiva, es necesario que ponga de relieve que el procesado o imputado por sí o a través de su defensa, efectuó actos que maliciosamente entorpecieron u obstaculizaron la tramitación del proceso penal.

Algunos de estos casos se pueden presentar cuando:

a) **Interposición de recursos ordinarios o extraordinarios evidentemente improcedentes**. Previo a que existiera el criterio jurisprudencial que obliga a revisar a los dos años de impuesta la prisión preventiva oficiosa si la misma debe prevalecer, quizá era irrelevante para los detenidos y su defensa si un proceso o juicio se alargaba o no más de ese tiempo, sobretodo en asuntos por delitos cuya penalidad es alta, como el de homicidio doloso, secuestro o trata de personas; sin embargo, a raíz de ese criterio jurisprudencial, muchas personas detenidas han encontrado en la figura de la revisión de la medida de prisión preventiva oficiosa la posibilidad de obtener la libertad. Ello, lamentablemente, ha generado que en algunos casos se promuevan o interpongan recursos evidentemente improcedentes con la finalidad de que trascurran los dos años de prisión preventiva oficiosa sin que se dicte sentencia en el caso; de forma que en vía de revisión de la medida cautelar obtienen su libertad, sabiendo que no la ganarían en la sentencia definitiva.

Entonces, cuando se puede advertir la promoción de medios de impugnación manifiestamente improcedentes, es evidente que se podría considerar esa conducta del imputado como tendente a retrasar maliciosamente el juicio. En la vida práctica se observa cuando por ejemplo una persona imputada promueve juicio de amparo indirecto contra el auto de vinculación a proceso, después de 8 meses se resuelve en definitiva negando el amparo por un Tribunal Colegiado y, se vuelve a promover un segundo juicio de amparo, un tercero, etcétera; o bien, se impugna la resolución del Tribunal Colegiado que negó el amparo contra la vinculación a proceso, solicitando que el caso sea revisado por la Suprema Corte de Justicia de la Nación, a sabiendas de que ello es manifiestamente improcedente.

b) **Amenaza a víctima o testigo**: Dado que en el Sistema Penal Acusatorio es necesario que quien formula imputación contra una persona acuda a juicio a declarar, cada día es más común que los acusados, por sí, o por conducto de otras personas amenacen a las víctimas o testigos para que no comparezcan a rendir declaración; con la consecuente reacción de víctimas y testigos de procurar evitar ser localizados. Ello, indudablemente obliga al Ministerio Público a realizar diversas actuaciones con la finalidad de localizar a las personas, procurarles asistencia sicológica y material, retardando el juicio.

c) **Cambio de abogados con la evidente finalidad de que no se desahogue una prueba** (Sistema Penal Tradicional). En la práctica, más de una ocasión pude advertir que alguna persona sujeta a proceso el día que se desahogaría determinada prueba realizaba el cambio de defensor y solicitaba la reprogramación del desahogo para que el nuevo asesor pudiera imponerse de los autos. De no reprogramar la audiencia era más que evidente sobrevendría una reposición de procedimiento por haber desahogado una prueba sin respetar el derecho a una defensa material adecuada. Esta actuación reiterada y realizada de mala fe, es evidente que puede ser demostrativa de una conducta del interesado que justifique el retardo indebido en la conclusión del juicio.

d) **Ausencia de defensa no justificada.** En ocasiones puede observarse que en ciertos procesos la defensa de la persona acusada no asiste a alguna o algunas audiencias e informa que tiene algún problema de salud, pero jamás justifica ello y, posteriormente, llega a allanarse a la efectividad de la multa impuesta por no haber comparecido. Esa conducta reiterada podría evidenciar una actitud tendente a retrasar indebidamente la resolución de un juicio.

En el sistema penal acusatorio esta actitud puede verse claramente cuando llegada la audiencia intermedia el abogado no comparece, se declara abandonada la defensa, se designa a la defensa pública y cuando llega la nueva fecha de audiencia comparece el defensor que fue relevado y el imputado insiste en que éste sea quien lo represente.

También en la vida práctica mucho acontece que llega la audiencia intermedia y solicita el diferimiento del asunto para poder tramitar con la fiscalía un procedimiento abreviado; sin embargo, llegada la fecha de la nueva audiencia, el fiscal informa que no existió solicitud formal para que tramitara esta forma de terminación anticipada.

e) **Planteamiento de impedimento del tribunal de enjuiciamiento manifiestamente improcedente.** El planteamiento de tal figura jurídica aun cuando sea manifiestamente improcedente, da lugar a que se deba sustanciar y resolver la incidencia respectiva, lo cual consume tiempo y naturalmente puede representar una justificación de la tardanza en el juicio, imputable a quien la hizo valer.

f) **Ofrecimiento de pruebas ya desechadas previamente y confirmado el acuerdo respectivo por el órgano superior** (Sistema Penal Tradicional). En ocasiones la parte imputada o procesada ofrece alguna prueba, le es desechada, se impugna la determinación y se confirma; no obstante, la parte imputada vuelve a ofrecer la misma prueba planteando algunas cuestiones para que, pareciera, con respeto, se trata de un ofrecimiento novedoso cuando no lo es, se vuelve a desechar y se impugna esa determinación, alargando el proceso respectivo.

Así, con relación a este aspecto como justificante de la tardanza de un juicio me parece que es básico poner de relieve que en la conducta de la persona imputada, procesada o su defensa, debe demostrarse que existe o existió la intención de alargar el procedimiento indebidamente. Se trata de una cuestión subjetiva, evidentemente refractaria a la prueba directa, difícil de evidenciar.

III. La conducta de las autoridades

Este aspecto a considerar para determinar si está justificada la tardanza por más de dos años de un juicio y debe continuar está íntimamente vinculado a la diligencia que hayan tenido las autoridades para fijar alguna audiencia o resolver aquello que les correspondía en los plazos legales; pues las posibles dilaciones excesivas sin justificación evidentemente no podrían ser razón para considerar sensata la lentitud en resolver un juicio.

Sobre este aspecto quisiera destacar lo siguiente:

a) **Tardanza en la celebración de alguna audiencia o del juicio** (Según el Sistema Penal del que se trate). Usualmente las audiencias o juicios se programan en función de la carga de trabajo que existe en el órgano jurisdiccional de que se trate, por lo cual, mientras ello acontezca en un plazo razonable será viable considerar que la tardanza aún por más de dos años obedece a las complicaciones logísticas derivadas de la política pública en materia de impartición de justicia que afectan a ese órgano concreto. Pensemos en aquellos casos en los cuales existe sólo un tribunal de enjuiciamiento para una ciudad. En esos casos, la justificación pudiera ser la alta carga de trabajo e imposibilidad material para agilizar el proceso respectivo; sin embargo, el Ministerio Público tendría que demostrar esa circunstancia y cómo no pudo superarlo el Tribunal. Por el contario, habría que analizar lo razonable de que un juicio haya tardado más de dos años en concluirse si ello obedeció a que por ejemplo se "traspapeló" el expediente, se reservó señalar fecha para audiencia o juicio y se pasó por alto dar cuenta con oportunidad, existió cambio de juez, por mencionar algunos supuestos.

No obstante, existen Tribunales que consideran que, la carga de trabajo que tienen los órganos jurisdiccionales constituye una conducta atribuible a las autoridades jurisdiccionales y que no puede operar contra el justiciable.

b) **Reposiciones del procedimiento**. La reposición de los procedimientos penales considero que constituye la principal razón que lleva a que un juicio concluya en un lapso mayor a los dos años. En estos casos, estimo, debe analizarse asunto por asunto si existió falta de diligencia por parte de las autoridades judiciales que derivó precisamente en la reposición de los procedimientos y, en función de lo argumentado por el Ministerio Público, justificar o no la tardanza en la conclusión del juicio y la necesidad de que la persona imputada o procesada permanezca en prisión preventiva.

Será importante ver los criterios que sobre el particular resultan de reposiciones derivadas de por ejemplo haber suspendido un juicio por un plazo mayor al que marca la Ley, cuando por ejemplo, los tribunales de enjuiciamiento generaron como regla de actuación llevar varios juicios al propio tiempo y cuidar que entre segmento y segmento de audiencia no trascurrieran más de diez días **hábiles**, con relación a lo cual se ha generado la jurisprudencia PR.P.CN. J/17 P (11a.), registro digital 2027472, la cual es de rubro y texto:

> "**SUSPENSIÓN DE LA AUDIENCIA DE JUICIO ORAL. EL PLAZO ESTABLECIDO EN EL ARTÍCULO 351 DEL CÓDIGO NACIONAL DE PROCEDIMIENTOS PENALES DEBE COMPUTARSE EN DÍAS NATURALES.**
>
> Hechos: Tres Tribunales Colegiados de Circuito emitieron criterios discrepantes al resolver si el plazo relativo a la suspensión de la audiencia de juicio oral que prevé el artículo 351 del Código Nacional de Procedimientos Penales, debe computarse en días hábiles o naturales.
>
> Criterio jurídico: El Pleno Regional en Materia Penal de la Región Centro-Norte, con residencia en la Ciudad de México, determina que de una interpretación sistemática, causal teleológica y por principios de los artículos 351 y 352 del Código Nacional de Procedimientos Penales, el plazo relativo a la suspensión de la audiencia de juicio oral debe computarse en días naturales, con inclusión de sábados, domingos y días festivos, sin que resulte válido que se incluya en la interpretación lo previsto en el artículo 94 del

citado código procesal de la materia, es decir, que el cómputo se haga en días hábiles, ya que la regla ahí establecida es aplicable a los "actos procedimentales" que establece el propio código, mas no tratándose de la suspensión de la audiencia de juicio oral.

Justificación: El artículo 351 del Código Nacional de Procedimientos Penales expresamente determina que el plazo de suspensión es de diez días naturales, cuando se actualice alguna de las hipótesis ahí previstas; estimar lo contrario trastocaría la esencia de los principios de inmediación, continuidad y concentración y, en consecuencia, el cumplimiento de los objetivos del Sistema Penal Acusatorio, ya que de los artículos 7o., 8o. y 9o. del código procesal de la materia, se obtiene que las audiencias se lleven a cabo de forma continua, sucesiva y secuencial, y que preferentemente se desarrollen en un mismo día o en días consecutivos, hasta su conclusión, para asegurar las ventajas de un ágil desarrollo de la causa y recepción oportuna de las pruebas; por tanto, tales principios son aplicables no sólo en beneficio del imputado, sino también del representante social y de las víctimas, pues el sistema de justicia oral prevé la igualdad de las partes; aunado a que la actividad probatoria debe desarrollarse en el menor tiempo posible y sin interrupciones, en virtud de que la inmediación obliga a una discusión inmediata y fallo de la causa, por lo que existe la obligación del juzgador oral de desahogar preferentemente todas las pruebas en una sola audiencia y de no ser posible, las audiencias deben celebrarse en días consecutivos hasta su conclusión, lo que implica que no se lleven a cabo juicios diversos simultáneamente intercalando audiencias de uno y otro procesos, ya que su concentración se divide en todos los procedimientos, es decir, la excepción del desahogo continuo, sucesivo y secuencial de las audiencias no puede convertirse en la regla, sino que es deber desahogar un juicio de manera ininterrumpida y sin intervenciones con otros procesos.".

c) **Tiempo en la resolución de los medios de impugnación**. Como se ha expuesto en el estudio que antecede, la promoción o interposición de medios de impugnación viables no puede por sí justificar la tardanza de un juicio; sin embargo, tampoco podría representar una recriminación inmediata de falta de diligencia en la autoridad, pues si los medios de impugnación se resuelven en los plazos de Ley, la diligencia de las autoridades será absoluta. En esta hipótesis, el Ministerio Público bien podría argumentar que un juicio ha tardado en ser resuelto más de dos años porque se han ventilado una gran cantidad de medios de impugnación y los mismos han sido resueltos dentro de los plazos que marca la Ley respectiva, de manera que ello no podría reprocharse al Estado, sino que, en todo caso, podría ser una muestra de la complejidad del caso.

IV. La afectación generada en la situación jurídica de la persona involucrada en el proceso

La tardanza por más de dos años en resolver un caso difícilmente va contribuir en mejorar la situación jurídica de la persona imputada o procesada, quizá pudiera operar en favor de la parte victimal.

Verbigracia, una persona que nació el catorce de octubre de mil novecientos cincuenta y cuatro (69 años de edad) fue vinculada a proceso por el delito de portación de arma de fuego de uso exclusivo del Ejército, Armada y Fuerza Aérea Nacional, previsto y sancionado en el artículo 83, fracción II, en relación con el numeral 11, inciso d), de la Ley Federal de Armas de Fuego y Explosivos, y se le impuso la prisión preventiva oficiosa. El once de octubre de dos mil veintitrés solicitó la revisión de medida cautelar y se le negó porque no habían variado las condiciones que se tomaron en cuenta. Posteriormente, el dieciséis de octubre de dos mil veintitrés volvió a solicitar la revisión de la medida cautelar y el Juez de Control al estimar el breve tiempo que transcurrió entre una y otra petición consideró que el justiciable tenía que estarse a la negativa de modificación. No obstante, como puede advertirse, cuando solicitó la segunda revisión de medida, la persona ya se encontraba en la hipótesis contemplada en el artículo 166 del Código Nacional de Procedimientos Penales[10], pues había cumplido setenta años de edad, de manera que habían cambiado las condiciones legales del imputado.

---

[10] "Artículo 166. Excepciones

En el caso de que el imputado sea una persona mayor de setenta años de edad o afectada por una enfermedad grave o terminal, el Órgano jurisdiccional podrá ordenar que la prisión preventiva se ejecute en el domicilio de la persona imputada o, de ser el caso, en un centro médico o geriátrico, bajo las medidas cautelares que procedan.

De igual forma, procederá lo previsto en el párrafo anterior, cuando se trate de mujeres embarazadas, o de madres durante la lactancia.

No gozarán de la prerrogativa prevista en los dos párrafos anteriores, quienes a criterio del Juez de control puedan sustraerse de la acción de la justicia o manifiesten una conducta que haga presumible su riesgo social."

Entonces, en este caso, permitir que una persona cuya edad le sitúa en una hipótesis legal que le pudiera dar oportunidad de seguir el proceso bajo una medida diversa a la prisión preventiva oficiosa, aunado a que ya hubieran trascurrido más de dos años de impuesta la prisión preventiva, se estiman situaciones que desde luego operarían a favor de la persona imputada, salvo aquello que pudiera argumentar el Ministerio Público basado en alguno de los diversos supuestos que permiten la prolongación de la prisión preventiva por más de dos años.

8. Carga probatoria para que subsista la prisión preventiva oficiosa después de dos años de impuesta:

El Ministerio Público debe probar que se actualizan los elementos que la Primera Sala determinó tomar en cuenta para acreditar la necesidad de que continúe la prisión preventiva[11], consistentes en:

I. La complejidad del asunto;

II. La actividad procesal del interesado; y,

III. La conducta de las autoridades que participen en el juicio.

9. Estudio holístico que debe realizar la autoridad judicial para resolver sobre la prórroga de la prisión preventiva oficiosa:

Los factores a considerar para el análisis de la razonabilidad para la prolongación del plazo previsto en la fracción VIII, del apartado A, del artículo 20 Constitucional, de prisión preventiva son acorde a lo que ha determinado la Suprema Corte de Justicia de la Nación[12]:

En las tesis registros 2001429 y 2001430, publicadas en el Semanario Judicial de la Federación y su Gaceta en agosto de **2012**, la Primera Sala de la Suprema Corte de Justicia de la Nación, estableció que el plazo ponderable de dos años de la prisión preventiva debía examinarse en función de:

---

[11] Tesis 2024608 de la Primera Sala de la Suprema Corte de Justicia de la Nación y tesis 2025434 del Cuarto Tribunal Colegiado en Materia Penal del Primer Circuito.
[12] Tesis 2014014 y 2014015 de la Primera Sala de la Suprema Corte de Justicia de la Nación.

a) **Sí el acusado cometió un delito merecedor de pena carcelaria**, en donde el juzgador podría estimar que la medida cautelar provisional decretada ya no es imperiosa, lo que no prejuzga lo resuelto en el auto de formal prisión;

b) **Peligro de fuga o evasión de la acción de la justicia**, donde deben tenerse en cuenta la gravedad del delito y la eventual severidad de la pena, elementos que por sí solos son insuficientes para concluir que no ha transcurrido un plazo razonable de duración de la prisión preventiva;

c) **Riesgo de comisión de nuevos delitos**, en donde el peligro debe ser real;

d) Necesidad de investigar y posibilidad de colusión, circunstancias que deben evaluarse en asuntos donde **el acusado puede impedir el curso normal del proceso judicial**, dicha necesidad debe fundarse en un peligro efectivo;

e) **Viabilidad de presión sobre los testigos**, caso en que debe examinarse si existe un riesgo legítimo para éstos u otras personas;

f) Preservación del orden público, en donde por circunstancias excepcionales, la **gravedad especial de un hecho delictivo y la reacción del público ante el mismo**, pueden justificar la aplicación de la medida cautelar por cierto periodo;

g) **Debida diligencia en la sustanciación del procedimiento**, donde debe justipreciarse si las autoridades la han empleado;

h) **Motivos expuestos por las autoridades judiciales para justificar la continuación de la medida**, donde la información se analiza caso por caso para determinar la relevancia y suficiencia de las justificativas para la prisión preventiva;

i) **Lapso constitucional de duración del juicio,** donde debe constatarse si han transcurrido 4 meses en caso de delitos cuya pena máxima no excede de 2 años de prisión o 1 año si la pena excede de ese tiempo;

j) **Ejercicio efectivo del derecho de defensa**, el cual no debe ser un pretexto para que la autoridad alargue el proceso de manera injustificada; y

k) Eventualidad apoyada en datos de **riesgo para el ofendido o la sociedad**, donde el riesgo debe justipreciarse con elementos de convicción aportados por la Representación Social.

En la posterior tesis 1a. XL/2017 (10a.), registro 2014015[13], publicada en la Gaceta del Semanario Judicial de la Federación, en marzo de 2017, la Primera Sala de la Suprema Corte de Justicia de la Nación, estableció que la legalidad en la duración de la prisión preventiva por más de dos años, implica examinar:

---

[13] Tesis registro digital 2014015, sustentada por la Primera Sala de la Suprema Corte de Justicia de la Nación, Décima Época, Materias(s): Constitucional, Penal, consultable en la Gaceta del Semanario Judicial de la Federación. Libro 40, Marzo de 2017, Tomo I, página 450, del rubro y texto:

"PRISIÓN PREVENTIVA. FACTORES A CONSIDERAR PARA EL ANÁLISIS DE LA RAZONABILIDAD PARA LA PROLONGACIÓN DEL PLAZO PREVISTO EN LA FRACCIÓN VIII, DEL APARTADO A, DEL ARTÍCULO 20 CONSTITUCIONAL. En el juicio de amparo en revisión 27/2012, que dio lugar a la tesis 1a. CXXXVII/2012 (10a.) de rubro: "PRISIÓN PREVENTIVA. FORMA DE PONDERAR EL PLAZO RAZONABLE DE SU DURACIÓN.", esta Primera Sala de la Suprema Corte de Justicia de la Nación abordó la temática del plazo razonable para justificar la prolongación de la prisión preventiva. Sin embargo, con motivo de lo resuelto por el Tribunal Pleno en la contradicción de tesis 293/2011, toda vez que existe una interrelación material entre las normas constitucionales y las de los tratados internacionales ratificados por México que reconocen derechos humanos y dado que la jurisprudencia emitida por la Corte Interamericana de Derechos Humanos es vinculante para esta Suprema Corte, siempre y cuando sea más favorable para la persona, criterio que se refleja en la tesis P./J. 21/2014 (10a.), de rubro: "JURISPRUDENCIA EMITIDA POR LA CORTE INTERAMERICANA DE DERECHOS HUMANOS. ES VINCULANTE PARA LOS JUECES MEXICANOS SIEMPRE QUE SEA MÁS FAVORABLE A LA PERSONA.", resulta necesario hacer algunas acotaciones y diferenciaciones al criterio resultante de tal amparo en revisión a la luz de los nuevos lineamientos interamericanos. Por lo tanto, cuando en el transcurso de un proceso penal una persona solicite su libertad al estimar que se ha actualizado un plazo irrazonable para ser juzgada y, por ende, no se justifica la prolongación de su prisión preventiva, con fundamento en los artículos 7.5 de la Convención Americana sobre Derechos Humanos y 9.3 del Pacto Internacional de Derechos Civiles y Políticos, el juzgador competente deberá de tomar en cuenta y valorar lo siguiente: a) el artículo 20, Apartado A, fracción VIII, de la Constitución Política de los Estados Unidos Mexicanos, con el texto vigente antes de su modificación el 18 de junio de 2008, no establece un plazo perentorio para la prisión preventiva, sino que señala un rango de tiempo máximo del proceso penal cuyo cumplimiento dependerá de las circunstancias del caso y del respeto y protección del derecho de defensa del inculpado; y b) consecuentemente, para determinar si se ha transgredido un plazo razonable para que una persona sea juzgada y, con ello, sea viable o no prolongar la prisión preventiva, el juzgador tendrá que analizar la: i) complejidad del caso; ii) la actividad procesal del interesado; y, iii) la conducta de la autoridad judicial y de otras que incidan en el proceso. Aunado a lo anterior, para no pasar por alto la preocupación que refleja el Poder Constituyente al establecer en la fracción I del apartado A, del citado artículo 20 constitucional, ciertos requisitos para que se pueda interrumpir la prisión preventiva durante el proceso del orden penal, el juzgador tiene la facultad para analizar excepcional y sucesivamente los elementos recién citados de complejidad y actividad procesal; si es necesaria la prolongación de la prisión preventiva con el fin de que el inculpado no eluda la acción de la justicia y se desarrolle de manera eficiente la investigación y, en su caso, si se encuentra acreditada o hay indicios suficientes sobre la existencia de causas externas que trasciendan en el proceso, tales como el peligro o la viabilidad de presión a testigos o víctimas o la sujeción del inculpado a otro proceso penal. Para ello, el juez correspondiente deberá hacer un análisis holístico de las circunstancias jurídicas y fácticas que rodean al proceso, aludiendo a criterios de necesidad y proporcionalidad y pudiendo tomar en cuenta la naturaleza del delito que se imputa, pero sin que ese único factor y sólo por ese elemento se decida prolongar la prisión preventiva."

a) **Complejidad del caso** (la dificultad de las pruebas y de su desahogo; la pluralidad de los sujetos procesales o la cantidad de víctimas; el tiempo transcurrido desde la violación; las características del recurso correspondiente establecidas en la legislación y el contexto en el que ocurrieron los hechos);

b) **La actividad procesal del interesado**: no podrá justificarse la prolongación de la prisión preventiva por la utilización de los recursos procesales previstos normativamente por el inculpado; sin embargo, sí podrá permitirse la continuación de tal medida cautelar si el imputado ha obstaculizado, deliberadamente, el transcurso del juicio;

c) **La conducta de la autoridad judicial y de otras que incidan en el proceso** (la dificultad de las pruebas y de su desahogo; la pluralidad de los sujetos procesales o la cantidad de víctimas; el tiempo transcurrido desde la violación; las características del recurso correspondiente establecidas en la legislación y el contexto en el que ocurrieron los hechos);

d) **Posibilidad de que la persona imputada eluda la acción de la justicia** y la investigación pudiera no desarrollarse;

e) Si existen **causas externas** que trasciendan en el proceso, tales como el peligro o la viabilidad de presión a testigos o víctimas o la sujeción del inculpado a otro proceso penal;

f) **Criterios de necesidad y proporcionalidad**; y,

g) **La naturaleza del delito que se imputa** (pero sin que ese único factor y sólo por ese elemento se decida prolongar la prisión preventiva).

En ese contexto, cuando un juzgador examina la viabilidad de que una persona permanezca en prisión preventiva por más de dos años, debe ocuparse de examinar todos los aspectos mencionados y desarrollados en función del debate generado en audiencia y lo demostrado por las partes en la misma.

10. Consecuencias de tardanza superior a dos años sin que exista justificación:

a) <u>Tratándose del procedimiento ordinario</u>, la consecuencia de la falta de justificación de la necesidad de que continúe la prisión preventiva oficiosa, será el **cese de la prisión preventiva oficiosa** y dará lugar, entonces, a que se debata en la audiencia respectiva la imposición de otra u **otras de las medidas cautelares** (Jurisprudencia 2024608 de la Primera Sala de la Suprema Corte de Justicia de la Nación).

b) <u>Tratándose del juicio de amparo,</u> la Primera Sala de la Suprema Corte de Justicia de la Nación estableció que cuando se reclama en un juicio de amparo la prisión preventiva, procede conceder la protección constitucional para el efecto de poner al imputado en libertad de inmediato mientras se continúa con el proceso, sin que ello obste para imponer otras medidas cautelares, cuando se advierta que: (I) ha transcurrido un plazo superior a 2 años, (II) el imputado no está ejerciendo su derecho de defensa y (III) no se ha pronunciado sentencia (Tesis 2001493 de la Primera Sala de la Suprema Corte de Justicia de la Nación).

11. Recurso de Apelación contra lo resuelto en el incidente de revisión de prisión preventiva oficiosa: El recurso de apelación en esos casos debe tramitarse y resolverse conforme a las reglas aplicables del Código Nacional de Procedimientos Penales, pues el ordinal 160 establece que "todas las decisiones judiciales relativas a las medidas cautelares [...] son apelables" (Tesis 2018792 de la Primera Sala de la Suprema Corte de Justicia de la Nación).

Capítulo 5. Prisión preventiva justificada

1. Fundamento constitucional: La prisión preventiva justificada tiene cimiento en la primera parte del segundo párrafo del artículo 19 de la Constitución Federal, al disponer:

"El Ministerio Público sólo podrá solicitar al juez la prisión preventiva cuando otras medidas cautelares no sean suficientes para garantizar la comparecencia del imputado en el juicio, el desarrollo de la investigación, la protección de la víctima, de los testigos o de la comunidad, así como cuando el imputado esté siendo procesado o haya sido sentenciado previamente por la comisión de un delito doloso."

Acorde a esa porción normativa, el Ministerio Público podrá solicitar al juez la prisión preventiva cuando otras medidas cautelares no sean suficientes para garantizar:

    a) La comparecencia del imputado en el juicio;

    b) El desarrollo de la investigación;

    c) La protección de la víctima, de los testigos o de la comunidad; y,

    d) Cuando el imputado esté siendo procesado o haya sido sentenciado previamente por la comisión de un delito doloso.

Sobre la figura jurídica de la prisión preventiva justificada se puntualiza que no existe declaratoria por parte de la Corte Interamericana de Derechos Humanos en el sentido de que sea inconvencional, por lo cual, en este momento puede considerarse constitucional y convencional.

2. Convencionalidad de la prisión justificada: La Corte Interamericana de Derechos Humanos, en el Caso Tzompaxtle Tecpile y otros Vs. México, al emitir sentencia el siete de noviembre de dos mil veintidós, consideró que la prisión preventiva es la restricción del derecho a la libertad personal y se trata de una medida cautelar y no de una medida de carácter punitivo; asimismo, determinó que las medidas privativas de la libertad en el marco de procedimientos penales, son convencionales siempre que tengan un propósito cautelar, es decir, que sean un medio para la neutralización de riesgos procesales (Ejecutoria de la cual derivó la tesis de jurisprudencia 2026992 del Pleno Regional en Materia Penal de la Región Centro-Sur, con Residencia en San Andrés Cholula, Puebla)

En el Caso López Álvarez Vs. Honduras, la Corte Interamericana de Derechos Humanos determinó que la prisión preventiva debe justificarse en cada caso concreto y que en ningún caso la aplicación de tal medida cautelar puede ser determinada por el tipo de delito:

"81. En el presente caso, pese a que el artículo 93 de la Constitución de Honduras determina que "[a]ún con auto de prisión, ninguna persona puede ser llevada a la cárcel ni detenida ... si otorga caución suficiente", el artículo 433 del Código de Procedimientos Penales sólo permitía la concesión de dicho beneficio en el supuesto de delitos que 'no merezca[n] pena de reclusión que pase de cinco años'. La pena aplicable por tráfico ilícito de drogas, del que se acusó a la presunta víctima, era de 15 a 20 años de reclusión. En razón de ello, la privación de la libertad a que fue sometido el señor Alfredo López Álvarez fue también consecuencia de lo dispuesto en la legislación procesal penal. Dicha legislación ignoraba la necesidad, consagrada en la Convención Americana, de que la prisión preventiva se justificara en el caso concreto, a través de una ponderación de los elementos que concurran en éste, y que en ningún caso la aplicación de tal medida cautelar sea determinada por el tipo de delito que se impute al individuo."

En el Caso Palamara Vs. Chile, mencionó nuevamente la relación existente entre el derecho humano a la libertad personal y la prisión preventiva, destacando las condiciones que mínimamente debe cumplir esta última, para que pueda ser considerada como justificada:

"196. La convención establece en su artículo 7.1 que toda persona tiene derecho a la libertad y a la seguridad personales. Asimismo, la convención establece en el artículo 7.2 la posibilidad de restringir el derecho a la libertad personal por las causas y en las condiciones fijadas de antemano por las Constituciones Políticas o por las leyes dictadas conforme a ellas (aspecto material), pero, además, con estricta sujeción a los procedimientos objetivamente definidos en la misma (aspecto formal).
197. La Corte ha establecido en su jurisprudencia que las medidas cautelares que afectan, entre otras, la libertad personal del procesado tiene un carácter excepcional, ya que se encuentran limitadas por el derecho a la presunción de inocencia y los principios de legalidad, necesidad y proporcionalidad, indispensables en una sociedad democrática.
198. En ocasiones excepcionales, el Estado puede ordenar la prisión preventiva cuando se cumpla con los requisitos necesarios para restringir el derecho a la libertad personal, existan indicios suficientes que permitan suponer razonablemente la culpabilidad de la persona sometida a un proceso y que sea estrictamente necesaria para asegurar que el acusado no impedirá el desarrollo eficiente de las investigaciones ni eludirá la acción de la justicia.(17) De esta forma, para que se respete la presunción de inocencia al ordenarse medidas restrictivas de la libertad es preciso que el Estado fundamente y acredite la existencia, en el caso concreto, de los referidos requisitos exigidos por la convención.

(...)

212. En la jurisdicción militar chilena, al parecer, la prisión preventiva procede como regla y no como excepción. De las normas del Código de Justicia Militar y del Código Procesal Penal aplicado al señor Palamara Iribarne que regulan la prisión preventiva se desprende que al momento de emitir el auto de procesamiento el Juez puede conceder la excarcelación al procesado sin caución alguna cuando 'el delito de que se trata está sancionado únicamente con penas pecuniarias o privativas de derechos, o con una pena privativa o restrictiva de la libertad de duración no superior a la de presidio menor en su grado mínimo'. Es decir, la libertad condicional es un 'beneficio' que el Juez puede otorgar al procesado cuando se reúnen ciertos requisitos exigidos por la ley, partiendo de la premisa de la privación de su libertad como regla."

3. Carga de justificar la necesidad de la prisión preventiva: Corresponde al Ministerio Público demostrar y justificar al respectivo juez la imposición de la prisión preventiva justificada y no limitarse a mencionar genérica y subjetivamente que es suficiente para continuar adecuadamente con la investigación (Tesis 2017568 del Segundo Tribunal Colegiado en Materia Penal del Sexto Circuito y tesis 2023411 del Primer Tribunal Colegiado en Materias Penal y Administrativa del Décimo Séptimo Circuito).

Basta con que se justifique alguno de los supuestos fácticos referidos previamente para que proceda la prisión preventiva justificada; no es necesario que se colmen todas las hipótesis (Tesis 2020999 del Segundo Tribunal Colegiado en Materias Penal y Administrativa del Décimo Séptimo Circuito y tesis 2017702 del Primer Tribunal Colegiado en Materia Penal del Primer Circuito).

Sobre este tema particular es importante mencionar que anteriormente era común que en las audiencias de declaración preparatoria (Sistema Penal Tradicional) los agentes del Ministerio Público se limitaran a señalar que no se otorgara la libertad provisional bajo caución porque se trataba de un delito grave o el término medio de la posible sanción privativa de la libertad superaba los cinco años de prisión. Actualmente, ese argumento sería insuficiente para justificar la prisión preventiva, como se explicara detalladamente enseguida.

4. Pruebas: De acuerdo con el artículo 171 del Código Nacional de Procedimientos Penales, las partes pueden invocar datos u ofrecer medios de prueba con el fin de solicitar la imposición de la prisión preventiva o evidenciar la improcedencia de la misma.

5. Integración de litis para resolver sobre la prisión preventiva justificada: La solicitud y análisis sobre la imposición de medidas cautelares en el proceso penal está sujeta a los parámetros normativos aplicables del Código Nacional de Procedimientos Penales y el debate que sostengan las partes en la audiencia respectiva, en términos de los artículos 153 a 171 de ese ordenamiento procesal y con base en los principios de proporcionalidad, necesidad e idoneidad (Tesis 2025435 del Segundo Tribunal Colegiado en Materia Penal del Primer Circuito y tesis 2022128 del Noveno Tribunal Colegiado en Materia Penal del Primer Circuito).

Por ejemplo, si bien, el artículo 4, párrafo segundo, de la Ley Federal para Prevenir y Sancionar los Delitos cometidos en Materia de Hidrocarburos establece la obligación del Ministerio Público de solicitar la prisión preventiva como medida cautelar, lo cierto es que ello no implica que el Juez se encuentre constreñido, en todos los casos, a otorgarla, pues deberá tomar en consideración la justificación que el Ministerio Público realice, y ponderará otros factores, aplicando el criterio de mínima intervención, entre los que se encuentran, los argumentos que ofrezcan las partes, las circunstancias particulares de cada persona, la idoneidad y proporcionalidad de la medida, como la que resulte menos lesiva para el imputado (Tesis 2017569 del Segundo Tribunal Colegiado en Materia Penal del Sexto Circuito).

6. Aspectos que debe ponderar el juez para resolver sobre la prisión preventiva justificada: El Juez debe resolver acorde a los argumentos que las partes ofrezcan o la justificación que el Ministerio Público realice, aplicando el criterio de mínima intervención, según las circunstancias particulares de cada persona, en términos del artículo 19, primera parte del párrafo segundo de la Constitución Federal[14].

Así, el Juez de Control debe **examinar, a manera de test de proporcionalidad,** los siguientes aspectos[15]:

---

[14] Tesis 2017568 del Segundo Tribunal Colegiado en Materia Penal del Sexto Circuito
[15] Tesis 2027131 del Primer Tribunal Colegiado de Circuito del Centro Auxiliar de la Segunda Región, con residencia en San Andrés Cholula, Puebla.

A) Primero, que en el caso concreto exista un riesgo procesal determinado por la probabilidad, basada en evidencia, de que el imputado se sustraerá de la justicia; incidirá en el desarrollo del procedimiento; o bien, afectará a la víctima, a los testigos o a la comunidad en general –sólo cuando esto último tenga repercusión en el propio proceso–, lo cual deberá sustentarlo de manera racional, habida cuenta que de no evidenciarse dicho riesgo procesal, la imposición de esa medida carecería de propósito y, por ende, perdería su finalidad cautelar, lo que de suyo conllevaría estimar que su materialización constituye un adelanto de la pena que pudiera llegar a decretarse;

B) Segundo, analizar, conforme a las particularidades del asunto y atento al momento en que resuelva esa cuestión, si la concreción de la prisión preventiva es idónea para satisfacer en algún grado los enunciados fines cautelares;

C) Tercero, escudriñar la necesidad de la imposición de la aludida medida, en particular, a partir de descartar si alguna o algunas de las restantes medidas cautelares que se prevén en el artículo 155 del Código Nacional de Procedimientos Penales –desde luego las que sean idóneas para el cumplimiento del fin respectivo– son suficientes, ya sea individual o conjuntamente, para alcanzar el objetivo pretendido; y,

D) Cuarto, examinar si la materialización de esa medida al asunto concreto es proporcional en sentido estricto, esto es, será ineludible que estudie si el sacrificio inherente a la mencionada privación de la libertad no es desmedido en relación con las ventajas que se obtengan mediante la aplicación del indicado encarcelamiento previo.

7. Peligro procesal de sustracción del imputado:

Para resolver sobre el peligro de sustracción del imputado debe realizar un **análisis holístico del tema**, de acuerdo con el artículo 168 del Código Nacional de Procedimientos Penales. De manera que debe tomar en cuenta especialmente las siguientes circunstancias:

A) El arraigo que tenga en el lugar donde deba ser juzgado, determinado por el domicilio, residencia habitual, asiento de la familia y las facilidades para abandonar el lugar o permanecer oculto. La falsedad sobre el domicilio del imputado constituye presunción de riesgo de fuga;

B) El máximo de la pena que en su caso pudiera llegar a imponerse de acuerdo al delito de que se trate y la actitud que voluntariamente adopta el imputado ante éste;

C) El comportamiento del imputado posterior al hecho cometido durante el procedimiento o en otro anterior, en la medida que indique su voluntad de someterse o no a la persecución penal;

D) La inobservancia de medidas cautelares previamente impuestas, o

E) El desacato de citaciones para actos procesales y que, conforme a derecho, le hubieran realizado las autoridades investigadoras o jurisdiccionales.

Para la imposición de la prisión preventiva justificada, corresponde a la Fiscalía acreditar los hechos indicadores en que sustenta el peligro procesal de sustracción del imputado, lo que implica que esa parte tendrá la obligación de probar que esa persona, entre otras cuestiones, tiene domicilio, residencia habitual o asiento de familia en un sitio o lugares que no corresponden a donde eventualmente se le juzgará, o bien, que dicha persona cuenta con las facilidades para abandonar este último o para permanecer oculto (Tesis 2027130 del Primer Tribunal Colegiado de Circuito del Centro Auxiliar de la Segunda Región, con residencia en San Andrés Cholula, Puebla).

Con el fin de determinar que se encuentra suficientemente probada la falta de arraigo del imputado, como hecho indicador del riesgo procesal de fuga para la imposición de la prisión preventiva justificada, el Juez debe examinar si el nivel de confirmación brindado por el cuadro probatorio incorporado por la Fiscalía respecto a ese suceso indicador desvirtúa la hipótesis externada por la defensa y, al mismo tiempo, descarta la producción de una **duda razonable acerca del arraigo** que pudiera tener el imputado en el lugar en que eventualmente se le juzgará (Tesis

2027127 del Primer Tribunal Colegiado de Circuito del Centro Auxiliar de la Segunda Región, con residencia en San Andrés Cholula, Puebla).

La información provista por algún medio de comunicación en relación con la **falta de arraigo del imputado**, así como de las facilidades que tiene para abandonar el posible lugar de juzgamiento o de ocultarse, no puede adquirir el carácter de hecho notorio para efecto de la imposición de la prisión preventiva justificada, pues el Juez de Control no está en condiciones de verificar la confiabilidad del origen de esa información, porque con frecuencia las fuentes de esos datos no son materia de difusión o de constatación, aunado a que la investigación que realizan esos medios de divulgación está desprovista de cualquier garantía o formalidad (Tesis 2027129 del Primer Tribunal Colegiado de Circuito del Centro Auxiliar de la Segunda Región, con residencia en San Andrés Cholula, Puebla).

El hecho de que el imputado tenga uno o varios domicilios fuera de la jurisdicción del órgano judicial que deba procesarlo, es insuficiente para establecer que no tiene arraigo en el lugar donde se lleva a cabo su proceso y, por ende, que representa un peligro de sustracción, al no estar garantizada su comparecencia. Para hacer un correcto escrutinio de ello, el análisis debe verificarse analizando si es probable que se evada porque le sea más conveniente que quedarse en el lugar que mencione es su domicilio (Tesis 2017690 del Primer Tribunal Colegiado en Materia Penal del Primer Circuito).

Sobre este punto, es importante mencionar que la **imposibilidad material de ofrecer una garantía económica** no justifica la imposición de la prisión preventiva, como sucedía anteriormente en el Sistema Penal Mixto, en los casos en que no se exhibía la garantía para la libertad bajo caución. Un sistema que descansara en esta lógica resultaría abiertamente discriminatorio de la condición económica y social, y vulneraría el contenido del último párrafo del artículo 1o. constitucional. "**La pobreza no se castiga con medidas punitivas indirectas y la libertad no se compra**". La garantía económica no debe ser entendida como una medida directamente intercambiable con la prisión preventiva (Tesis 2022160 de la Primera Sala de la Suprema Corte de Justicia de la Nación).

Así, la suficiencia probatoria vinculada con el peligro de sustracción del imputado, para efectos de la imposición de la prisión preventiva justificada se compone de la satisfacción de tres condiciones[16]:

A) La existencia de hechos indicadores de ese riesgo procesal, por ejemplo, la falta de arraigo del imputado, la inobservancia de otras medidas cautelares, la existencia de procesos previos, las facilidades de ese sujeto para procurar su fuga u ocultarse, que deben estar suficientemente acreditados, ya que servirán de base para predecir que el imputado no comparecerá al proceso;

B) Que esa hipótesis de posible sustracción de la persona imputada esté confirmada a partir de las reglas de la sana crítica, de la lógica, las máximas de experiencia, así como de los conocimientos científicos afianzados; y,

C) Que esa inferencia supere un ejercicio de confronta o depuración del debate que haya existido.

8. Peligro de obstaculización del desarrollo de la investigación:

Para determinar respecto al peligro de obstaculización del desarrollo de la investigación, conforme al ordinal 169 del Código Nacional de Procedimientos Penales, el Juez de control debe tomar en cuenta la circunstancia del hecho imputado y los elementos aportados por el Ministerio Público para estimar como probable que, de recuperar su libertad, el imputado:

A) Destruirá, modificará, ocultará o falsificará elementos de prueba;

B) Influirá para que coimputados, testigos o peritos informen falsamente o se comporten de manera reticente o inducirá a otros a realizar tales comportamientos, o

C) Intimidará, amenazará u obstaculizará la labor de los servidores públicos que participan en la investigación.

---

[16] Tesis 2027125 del Primer Tribunal Colegiado de Circuito del Centro Auxiliar de la Segunda Región, con Residencia en San Andrés Cholula, Puebla.

Al efecto, el juez debe realizar un ejercicio de predictibilidad acerca de un hecho futuro que desea evitarse; ese análisis **no puede apoyarse en simples conjeturas, intuiciones, o bien, en que tan persuasivos sean los argumentos de las partes,** sino que la definición de ese punto debe soportarse en una visión racional sustentada en la existencia de evidencia sobre dicho riesgo (Tesis 2027128 del Primer Tribunal Colegiado de Circuito del Centro Auxiliar de la Segunda Región, con residencia en San Andrés Cholula, Puebla).

9. Riesgo para la víctima u ofendido, testigos o para la comunidad si la persona imputada es puesta en libertad:

Respecto al tema de riesgo para la víctima u ofendido, testigos o para la comunidad si la persona imputada es puesta en libertad, conforme al artículo 170 del Código Nacional de Procedimientos Penales, cabe destacar que el Juez debe examinar las circunstancias del hecho y de las condiciones particulares en que se encuentren dichos sujetos, de las que pueda derivarse la existencia de un riesgo fundado de que se cometa contra dichas personas un acto que afecte su integridad personal o ponga en riesgo su vida.

10. Apreciaciones subjetivas del Juzgador para resolver sobre la prisión justificada:

Como se adelantaba, el Juez no puede apoyarse en simples conjeturas, intuiciones, o bien, en que tan persuasivos sean los argumentos de las partes, sino que la definición de ese punto debe soportarse en una visión racional sustentada en la existencia de evidencia sobre dicho riesgo (Tesis 2027128 del Primer Tribunal Colegiado de Circuito del Centro Auxiliar de la Segunda Región, con residencia en San Andrés Cholula, Puebla).

La imposición de la medida cautelar de prisión preventiva justificada con base en apreciaciones subjetivas del juez de Control, como por ejemplo, que la detención del imputado se efectuó fuera del Estado en el que se pretende su comparecencia, que viaja frecuentemente, que cuenta con diversos domicilios, o por sus circunstancias económicas, que inciden en la posibilidad de trasladarse y abandonar la ciudad, es ilegal (Tesis 2023411 del Primer Tribunal Colegiado en Materias Penal y Administrativa del Décimo Séptimo Circuito).

El imponer la prisión preventiva sólo argumentando que la pena de prisión que merece el hecho delictuoso imputado al acusado es alta, viola el derecho a la presunción de inocencia como regla de trato procesal; deben considerarse los aspectos del artículo 168 del Código Nacional de Procedimientos Penales (Tesis 2016746 del Primer Tribunal Colegiado en Materia Penal del Segundo Circuito).

Asimismo, la pena máxima como única razón para justificar la imposición de la prisión preventiva como medida cautelar, vulnera el principio de presunción de inocencia en su vertiente de regla de trato procesal, contenido en los artículos 20, apartado B, fracción I, de la Constitución Política de los Estados Unidos Mexicanos, así como 7 y 8 de la Convención Americana Sobre Derechos Humanos (Jurisprudencia 2018459 del Segundo Tribunal Colegiado en Materia Penal del Sexto Circuito).

Tampoco se justifica la imposición de la prisión preventiva justificada con el solo hecho de que la persona imputada se encuentre en prisión preventiva por un asunto diverso (Tesis 2025435 del Segundo Tribunal Colegiado en Materia Penal del Primer Circuito y tesis 2027126 del Primer Tribunal Colegiado de Circuito del Centro Auxiliar de la Segunda Región, con residencia en San Andrés Cholula, Puebla).

11. Aspectos que debe contener formalmente la resolución que decreta la prisión preventiva justificada:

De conformidad con el artículo 159 del Código Nacional de Procedimientos Penales, la resolución que establezca una medida cautelar debe contener al menos lo siguiente:

A)   La imposición de la medida cautelar y la justificación que motivó el establecimiento de la misma;

B)   Los lineamientos para la aplicación de la medida, y

C) La vigencia de la medida.

12. Imposición arbitraria de la prisión preventiva justificada: Se considera que la prisión preventiva justificada puede ser arbitraria en los supuestos siguientes:

a) No sea necesaria para el fin pretendido;

b) Exista insuficiente o nula motivación sobre la necesidad y proporcionalidad de su imposición y,

c) El riesgo pueda cautelarse por medio de medidas menos lesivas.

Capítulo 6. Revisión de prisión preventiva justificada

1. Mutabilidad de la resolución sobre prisión preventiva justificada:

Al igual que en la prisión preventiva oficiosa, en el caso de la justificada:

a) La imposición de la prisión preventiva justificada es mutable como en general lo son las medidas cautelares y, permite reconsiderar la necesidad de su imposición o vigencia (Tesis 2018598 del Primer Tribunal Colegiado en Materias Penal y Administrativa del Décimo Séptimo Circuito).

b) Por regla general no impera el principio de cosa juzgada en el tema de prisión preventiva (Tesis 2018598 del Primer Tribunal Colegiado en Materias Penal y Administrativa del Décimo Séptimo Circuito).

La prisión preventiva justificada se impone a partir de que para cierto momento resulte razonable que una persona permanezca en prisión para la continuación del proceso penal que se le siga conforme a la primera parte del segundo párrafo del artículo 19 de la Constitución Federal.

Sin embargo, las circunstancias que motivan la prisión preventiva justificada pueden variar de un momento a otro, dando lugar a la posibilidad de revisar la necesidad de que la misma continúe vigente.

Así, como en el caso de la prisión preventiva oficiosa, considero que en la hipótesis de la prisión preventiva justificada es viable de solicitar la revisión de tal medida sin límite de oportunidades. Estimo que habrá casos en los cuales no existirá variación de condiciones entre un momento y otro; empero, habrá otros en los que un día puede llevar a considerar que variaron las condiciones objetivamente.

Por tanto, no existe prohibición en cuanto al número de ocasiones en que se puede solicitar la revisión de la prisión preventiva justificada, siempre que sea antes de que exista contra la persona imputada una sentencia ejecutoriada.

2. Legitimación para solicitar la revisión de la prisión preventiva justificada: La persona que guarda reclusión y su defensa pueden solicitar la revisión de la prisión preventiva justificada directamente con el Juez de Control o en su defecto con el Tribunal de Enjuiciamiento, previo a que tenga la calidad de sentenciado en definitiva. No obstante, también puede ser solicitada por el Ministerio Público.

Al margen de ello, como en la prisión preventiva oficiosa, el juez debe revisar la prisión preventiva de oficio a los dos años de su imposición en términos del artículo 20, apartado B, fracción IX, de la Constitución General de la República (Jurisprudencia 2024608 de la Primera Sala de la Suprema Corte de Justicia de la Nación; tesis 2026858 del Tercer Tribunal Colegiado en Materias Penal y Administrativa del Décimo Octavo Circuito y tesis 2025434 del Cuarto Tribunal Colegiado en Materia Penal del Primer Circuito).

3. Oportunidad temporal para solicitar la revisión de la prisión preventiva oficiosa: a partir de su imposición y hasta antes de que exista sentencia ejecutoria (Tesis 2015273 del Cuarto Tribunal Colegiado en Materia Penal del Primer Circuito).

4. Objetivo de la solicitud: Disminuir o incrementar la intromisión en la esfera de la persona imputada.

Cierto, de acuerdo con el artículo 161 del Código Nacional de Procedimientos Penales, cuando hayan variado de manera objetiva las condiciones que justificaron la imposición de una medida cautelar, las partes podrán solicitar al Órgano jurisdiccional, la revocación, sustitución o modificación de la misma, para lo cual el Órgano jurisdiccional citará a todos los intervinientes a una audiencia con el fin de abrir debate sobre la subsistencia de las condiciones o circunstancias que se tomaron en cuenta para imponer la medida y la necesidad, en su caso, de mantenerla y resolver en consecuencia.

5. Sustanciación: Del referido artículo 161 se colige que el Juez del conocimiento **en una audiencia**, abriendo el **debate** entre las partes sobre la subsistencia de las condiciones o circunstancias que se tomaron en cuenta para imponer la prisión preventiva justificada y la necesidad de que prevalezca, resolverá en consecuencia (Tesis 2026726 del Segundo Tribunal Colegiado en Materia Penal del Segundo Circuito).

6. Plazo para resolver: La audiencia se llevará a cabo dentro de las cuarenta y ocho horas siguientes contadas a partir de la presentación de la solicitud y deberá resolverse lo conducente (artículo 162 del Código Nacional de Procedimientos Penales).

7. Pruebas: Las partes pueden invocar datos u ofrecer medios de prueba para que se imponga, confirme, modifique o revoque, según el caso, la medida cautelar (artículo 163 del Código Nacional de Procedimientos Penales).

Cuando la solicitud sobre modificación o sustitución de la medida cautelar de prisión preventiva durante el proceso penal, involucra el análisis del acceso al goce del derecho a la salud de las personas con discapacidad privadas de la libertad, se impone al juzgador el deber de allegarse oficiosamente de todos los elementos de prueba necesarios para verificar que el estado de salud del procesado, sea compatible con esa medida. El Juez no debe calificar *a priori* la gravedad del estado de salud, sino que está obligado a cerciorarse del tipo y grado de discapacidad que padece, el tratamiento adecuado para ésta, sus repercusiones en las actividades cotidianas, así como verificar que la prisión cuente con la infraestructura humana y material para brindar la asistencia médica acorde con sus necesidades particulares (Tesis 2020298 del Tribunal Colegiado en Materia Penal del Décimo Primer Circuito).

8. Litis en la revisión de la prisión preventiva justificada impuesta:

a) Para la revisión y eventual modificación de la prisión preventiva justificada por variación de las condiciones que la motivaron es necesario demostrar, por parte del solicitante, que la situación en la cual se encontraban las cosas cuando se impuso ha cambiado de manera importante para hacer evidente una diferencia y, para ello, debe aportar los datos de prueba para constatar una variación objetiva (Tesis 2026726 del Segundo Tribunal Colegiado en Materia Penal del Segundo Circuito).

b) La Fiscalía, en todo caso, debe justificar la permanencia de esa necesidad, idoneidad y proporcionalidad si pretende que persista (Tesis 2026726 del Segundo Tribunal Colegiado en Materia Penal del Segundo Circuito).

c) El Juez está obligado a razonar por qué dichas pruebas son o no eficaces para modificar la prisión preventiva justificada (Tesis 2026726 del Segundo Tribunal Colegiado en Materia Penal del Segundo Circuito).

d) Cuando se promueve amparo contra la resolución emitida en el incidente de revisión de la medida de prisión preventiva justificada, la materia de la litis se reduce al análisis de la resolución de la responsable dictada con motivo de la audiencia de revisión de medidas cautelares, sin que exista necesidad de examinar la legalidad o motivos por los que inicialmente se impuso la prisión preventiva justificada, por lo cual, puede afirmarse que no es materia de la Litis lo resuelto inicialmente al imponerse la medida (En lo conducente, tesis 2026683 del Segundo Tribunal Colegiado en Materia Penal del Segundo Circuito).

9. Casos en los que se ha determinado que existe una variación objetiva que puede modificar la prisión preventiva justificada impuesta:

A) **Duración de la prisión preventiva justificada.** En obvio de repeticiones innecesarias, nos remitimos a los ejemplos planteados en el caso de la prisión preventiva oficiosa. En efecto, el trascurso de por ejemplo dos años de prisión preventiva justificada debe llevar al examen sobre la necesidad de que subsista la medida conforme a los cánones ya expuestos en el apartado respectivo.

B) **Reclasificación de los hechos:** Derivado de la secuela procesal y de los medios de impugnación que haga valer la persona imputada y su defensa, es posible que los hechos atribuidos a una persona a título de ilícito puedan variar y disminuir de gravedad o cuando se le atribuyen varios es factible que se elimine alguno; también cabe la posibilidad de una variación en la acusación que haga el Ministerio Público. En esos supuestos existe sin duda una variación objetiva.

C) **Edad de la persona imputada:** En este sentido se reitera el caso mencionado en el cual a una persona se le impuso la prisión preventiva justificada y es menor de setenta años; empero, después cumple los setenta años de edad. Ello puede constituir una variación objetiva en términos del artículo 166 del Código Nacional de Procedimientos Penales.

D) **Enfermedad de la persona:** Evidentemente la aparición de una patología en una persona constituye un dato objetivo que puede llevar a variar la medida de prisión preventiva impuesta, sobretodo cuando se trata de aquellas enfermedades crónico degenerativas que ponen en riesgo la vida.

E) **Estado gestante de la imputada**: El estado de gestación de una mujer representa un dato a considerar para posiblemente variar la medida de prisión preventiva justificada si al imponerse no existía o no demostró, en la medida que existan otras situaciones que muestren la viabilidad de variar la medida cautelar.

F) **La necesidad de amamantar a una persona menor de edad**: Es indudable que una mujer que amamanta a una persona menor de edad requiere de tener contacto directo con ésta. En muchos casos se detiene a una mujer y para ese momento no se evidencia tal situación; sin embargo, posteriormente allega datos de prueba o medios de convicción que lo demuestran, haciendo viable la modificación de la medida cautelar.

G) **Demostración de arraigo**: En ocasiones, cuando una persona es detenida genera incertidumbre sobre su arraigo a cierto lugar y el Ministerio Publico demuestra que ello puede representar un riesgo de evasión al procedimiento; sin embargo, posteriormente muestra que sí tiene arraigo. Verbigracia, un empleado federal, puede tener su domicilio fiscal y familiar en un Estado, pero el laboral en una entidad diversa; de momento puede no demostrar esas circunstancias, pero posteriormente justificarlas plenamente.

H) **Cooperación con la autoridad**: En aquellos casos en los cuales una persona imputada por ejemplo confiesa haber cometido un delito y coopera dando datos para la detención de otras, también podría considerarse que existe un dato objetivo que pudiera llevar a variar la prisión preventiva justificada.

I) **Entrega de los objetos, instrumentos o producto del delito**: Esta conducta evidentemente representaría una actuación procesal que podría estimarse puede llevar a variar la prisión preventiva justificada, sobre todo en aquellos casos sumamente cuantiosos.

Sobre este particular, considero, es viable analizar posibilidades de variación conforme al estudio presentado sobre la justificación de la continuación de la prisión preventiva oficiosa en el capítulo respectivo.

Las propuestas que realicen los abogados a los juzgados evidentemente irán construyendo la doctrina jurisprudencial que ayude a identificar, sin duda, los casos en los cuales puede afirmarse que ha existido una variación objetiva que pueda llevar a variar la medida de prisión preventiva justificada.

Capítulo 7. Juicio de amparo contra la prisión preventiva

1. Competencia para conocer del juicio de amparo: De la demanda de amparo promovida contra la determinación del juez de control que decreta como medida cautelar la prisión preventiva corresponde conocer al juez de amparo en cuya jurisdicción resida el tribunal que conoce de la causa penal, aunque no coincida con la jurisdicción del lugar de reclusión del quejoso, pues los efectos de la medida se trasladan directamente al proceso (Tesis 2020882 del Pleno en Materia Penal del Decimosexto Circuito).

2. Procedencia del juicio de amparo[17]:

En la ejecutoria de la contradicción de criterios 206/2022, la Primera Sala de la Suprema Corte de Justicia de la Nación sostuvo que del contenido de los artículos 103, fracción I, de la Constitución Política de los Estados Unidos Mexicanos y 1o., fracción I, de la Ley de Amparo, se desprende que el juicio de amparo se caracteriza como un mecanismo jurisdiccional, cuyo objeto esencial es la protección de los derechos fundamentales de las personas, consagrados en la propia Norma Fundamental y en los instrumentos internacionales de los que el Estado Mexicano es Parte.

Además, en diversos precedentes ha dejado claro que la naturaleza del juicio de amparo consistente en que se trata de un medio de control o recurso extraordinario previsto en la Constitución Política de los Estados Unidos Mexicanos, que permite a las personas impugnar los actos, omisiones y normas generales de una autoridad; así como, en ciertos casos, actos de particulares que lleven a cabo actos equiparables a los de una autoridad que violen los derechos humanos de los gobernados, establecidos en la Constitución y en los tratados internacionales de los que México es parte; y, al mismo tiempo es protector del ámbito competencial entre las autoridades federales y locales, en la medida que la esfera competencial pueda causar un agravio a los gobernados (contradicciones de criterios 152/2005-PS,(3) 413/2010(4) y 164/2011).

En la contradicción de tesis 164/2011, actualmente denominada contradicción de criterios, la Primera Sala de la Suprema Corte de Justicia de la Nación, dijo que el juicio de amparo conforma una estructura cuyo contenido está dotado de varios principios generales que rigen su procedencia y al mismo tiempo definen su diferencia con los medios legales de defensa ordinarios.

---

[17] Jurisprudencia 2026992 del Pleno Regional en Materia Penal de la Región Centro-Sur, con Residencia en San Andrés Cholula, Puebla

Agregó, que la premisa fundamental en la que se sostiene el propósito de garantizar la eficacia del juicio de amparo, de acuerdo a su naturaleza y objetivo, radica en que la procedencia de la acción no es irrestricta, pues está determinada en el orden constitucional mediante las prescripciones establecidas en los artículos 103 y 107 (párrafos 47 y 65 de la contradicción de criterios 164/2011).

Así, sostuvo que en particular, el artículo 107 constitucional establece los principios generales del juicio de amparo, entre los que destacan la instancia de parte, el agravio personal y directo, la relatividad de las sentencias, el estricto derecho y la definitividad (párrafo 66 de la contradicción de criterios 164/2011) que deben observarse para la procedencia del juicio de amparo.

Con relación a la materia de este libro, se considera pertinente destacar algunas cuestiones relevantes en torno a las causas de improcedencia con las que con mayor frecuencia se vincula el tema de la prisión preventiva:

A) Principio de definitividad[18]:

La Primera Sala de la Suprema Corte de Justicia de la Nación ha establecido que la inserción del principio de definitividad para la procedencia del juicio de amparo, deriva de la propia naturaleza de éste como recurso extraordinario que procede contra resoluciones que no admiten la posibilidad de alterabilidad por la vía de recursos ordinarios (párrafo 73, de la contradicción de criterios 164/2011).

Del contenido del artículo 103, en relación con el 107, fracciones III, incisos b) y c), VII y XII, todos de la Constitución Federal y 107 de la Ley de Amparo, se desprende, como regla general, la procedencia del juicio de amparo indirecto contra actos de tribunales judiciales, administrativos o del trabajo, pero también, el diverso numeral 61, fracción XVIII, de la ley de la materia, delimita su procedencia contra las resoluciones que admiten la posibilidad de alterabilidad por la vía de recursos ordinarios.

En otras palabras, se exige que previo a instar la acción constitucional, la parte quejosa agote todos los recursos o medios de defensa previstos en la ley

---

[18] Idem

ordinaria, que tenga por objeto modificarlos, revocarlos o nulificarlos. En ese sentido, se pronunció la Primera Sala de la Suprema Corte de Justicia de la Nación, en la contradicción de criterios 317/2011 (párrafo 47).

Además, sostuvo que para que opere el principio de definitividad es premisa fundamental que en la ley exista el recurso ordinario o medio de defensa respectivo; entendiéndose por éste, todo aquel instrumento establecido dentro del procedimiento, regulado por la ley que rige el acto que tenga por objetivo modificar, revocar o nulificar dicho acto (párrafos 46 a 49 de la contradicción de criterios 317/2011).

Ahora bien, a pesar de que la ley ordinaria respectiva conceda algún recurso o medio de defensa dentro del procedimiento, por virtud del cual puedan ser modificadas, revocadas o nulificadas las resoluciones de tribunales judiciales administrativos o del trabajo, la propia Ley de Amparo, en el artículo 61, fracción XVIII, segundo párrafo, categóricamente exceptúa la obligación para promover los recursos o medios de defensa indicados, cuando el acto reclamado afecte los derechos fundamentales de los gobernados.

En consecuencia, aun cuando exista el medio de defensa ordinario debidamente regulado, la excepción está vigente, cuando la propia ley regula expresamente los casos que, por su propia naturaleza y protección fundamental de importancia, determina los supuestos en los que no es obligado promover el recurso ordinario o medio de defensa procedente, al considerar que se violan derechos sustantivos; razón que permite promover el juicio de amparo indirecto sin agotar el principio de definitividad.

El artículo 61, fracción XVIII, segundo párrafo, de la Ley de Amparo, establece expresamente los casos de excepción al principio de definitividad que rige el juicio de amparo.

Con relación a los supuestos de excepción, la Primera Sala de la Suprema Corte de Justicia de la Nación, en la contradicción de criterios 414/2011, indicó que de existir una violación a los artículos 16, en materia penal, 19 y 20 fracciones I, VIII y X, párrafos primero, de la Constitución Política de los Estados Unidos Mexicanos (antes de la reforma de dieciocho de junio de dos mil ocho), el agraviado podría acudir al juicio de amparo indirecto, sin que le fuese exigible agotar el principio de definitividad que rige ese juicio, virtud que los citados preceptos protegían uno de los bienes más preciados del hombre, como es la libertad, la que al estar en peligro derivado de un acto de autoridad, hacía factible su tutela a través de la instancia constitucional, sin necesidad de agotar dicho principio (foja 48 de la contradicción de criterios 414/2011).

Criterio que resulta aplicable por identidad jurídica sustancial a la legislación vigente, no obstante que las disposiciones constitucionales enunciadas han sido reformadas, toda vez que en la actualidad nuestra Carta Magna, en los arábigos mencionados, aunque en distinto orden, aun prevé como ámbito de protección el derecho a la libertad personal.

El derecho a la libertad es de tal relevancia que con el único fin de respetarla y protegerla, los artículos 14, 16, 19 y 20, fracciones VII y IX, de la Constitución Política de los Estados Unidos Mexicanos; 3 y 9 de la Declaración Universal de los Derechos Humanos; 9.1 del Pacto Internacional de Derechos Civiles y Políticos, I y XV, de la Declaración Americana de los Derechos y Deberes del Hombre; 7, numerales 1, 2 y 3 de la Convención Americana sobre Derechos Humanos y la legislación secundaria han establecido una variedad de contenidos normativos que prohíben la privación o restricción de esa libertad, así como la detención arbitraria o ilegal.

La libertad personal fue definida por la Primera Sala de la Suprema Corte de Justicia de la Nación, en el amparo en revisión 205/2014, como un derecho humano fundamental complejo, integrado por una variedad de posiciones jurídicas que forman parte conceptualmente del derecho humano a la libertad en sentido amplio, el cual permite que una persona ejerza libremente conductas en su vida privada y pública sin afectaciones u obstaculizaciones por parte del Estado (párrafo 48 del amparo en revisión citado).

Enfatizó que un ejemplo de esa variedad de posiciones jurídicas, es la libertad física o deambulatoria de la que goza toda persona, entendida como la ausencia de restricciones temporales, privaciones, detenciones o encarcelamientos injustificados (párrafos 49 y 50 del amparo en revisión 205/2014).

Para potencializar el respeto y protección a la libertad personal, por una parte, el legislador decidió catalogar esa clase de actos, como casos de excepción al principio de definitividad para la procedencia de la instancia constitucional, en el artículo 61, fracción XVIII, segundo párrafo, de la Ley de Amparo; y, por otra, la Suprema Corte de Justicia de la Nación ha establecido diversos precedentes.

Así, el artículo 61, fracción XVIII, de la Ley de Amparo, prevé que los casos de excepción al principio de definitividad son los siguientes: "*a) actos que importen peligro de privación de la vida, ataques a la libertad personal fuera de procedimiento, incomunicación, deportación o expulsión, proscripción o destierro, extradición, desaparición forzada de personas o alguno de los prohibidos por el diverso 22 de la Constitución Política de los Estados Unidos Mexicanos, así como la incorporación forzosa al Ejército, Armada o Fuerza Aérea Nacionales; b) cuando el acto reclamado consista en órdenes de aprehensión o reaprehensión, autos que establezcan providencias precautorias o impongan medidas cautelares restrictivas de la libertad, resolución que niegue la libertad bajo caución o que establezca los requisitos para su disfrute, resolución que decida sobre el incidente de desvanecimiento de datos, orden de arresto o cualquier otro que afecte la libertad personal del quejoso, siempre que no se trate de sentencia definitiva en el proceso penal; c) cuando se trate de persona extraña al procedimiento; y, d) cuando se trate del auto de vinculación a proceso*".

Las hipótesis descritas en el párrafo anterior, describen restricciones temporales de ciertos derechos, privaciones, detenciones o encarcelamientos injustificados que afectan la libertad personal.

La Primera Sala de la Suprema Corte de Justicia de la Nación, en la contradicción de criterios 414/2011, hizo el recuento de varios precedentes que protegen la libertad personal, a saber.

a) La resolución que fija el monto y forma de la caución para obtener la libertad provisional tutelada en el artículo 20, fracción I, constitucional, constituye un acto dictado dentro del juicio que afecta directamente la libertad personal de los individuos. Criterio que dio origen a la jurisprudencia por contradicción 1a./J. 85/99 (9a.), con número de registro: 192783, de rubro: "LIBERTAD PROVISIONAL. CONTRA EL AUTO QUE SEÑALA LA FORMA Y MONTO DE LA CAUCIÓN QUE

DEBE OTORGAR EL INCULPADO, PROCEDE EL AMPARO INDIRECTO.", en el cual, el tema analizado deriva de un proceso del sistema tradicional o mixto.

b) En las tesis aisladas (5a.), con registros: 300849 y 305101, de rubros: "LIBERTAD PREPARATORIA, SUSPENSIÓN DE SU NEGATIVA." y "SENTENCIAS PENALES EJECUTORIADAS, SUSPENSIÓN DE LAS, CUANDO SE PIDE REDUCCIÓN DE PENAS.", respectivamente, correspondientes al sistema procesal penal tradicional o mixto, sostuvo que, si bien el reo se encuentra privado de su libertad derivado de la sentencia que lo condenó, la negativa de libertad preparatoria, así como la negativa del Juez a disminuir la duración de la pena, son actos que afectan la libertad personal del individuo, en virtud de que ambos tienen efectos positivos, el primero, obligando al reo a que continúe privado de su libertad y, el segundo, reafirmando la sentencia condenatoria.

c) La jurisprudencia por contradicción 1a./J. 119/2005 (9a.), número de registro: 177081, de rubro: "AMPARO INDIRECTO. PROCEDE EN CONTRA DE LA RESOLUCIÓN DICTADA EN UN INCIDENTE DE LIBERTAD POR DESVANECIMIENTO DE DATOS, SIN NECESIDAD DE AGOTAR PREVIAMENTE LOS RECURSOS ORDINARIOS PREVISTOS EN LA LEY Y PUEDE PROMOVERSE EN CUALQUIER TIEMPO.", en la que dijo que la resolución que niega al quejoso su libertad por desvanecimiento de datos en el proceso del sistema de justicia penal tradicional o mixto, constituye un acto que afecta la libertad personal del individuo.

En la jurisprudencia por contradicción con número de registro 188442, de rubro: "AMPARO INDIRECTO. PUEDE PROMOVERSE EN CUALQUIER TIEMPO CUANDO SE RECLAMA LA NEGATIVA A TRAMITAR O A OTORGAR LOS BENEFICIOS PARA SUSPENDER LA EJECUCIÓN DE LA PENA IMPUESTA POR AUTORIDAD JUDICIAL.", se determinó que es indudable que la resolución en que se niega el trámite o bien alguno de los beneficios liberacionales constituye un acto que afecta la libertad personal del individuo, pues, aun cuando es verdad que la privación de libertad del reo, es consecuencia de la sentencia que se dictó en su contra en el proceso penal que se le instruyó (correspondiente al sistema de justicia penal tradicional o mixto), no menos cierto es que continuará privado de su libertad como consecuencia positiva de esa negativa.

d) En la jurisprudencia con número de registro 160811, de rubro: "ORDEN DE BÚSQUEDA, LOCALIZACIÓN Y PRESENTACIÓN DEL INDICIADO PARA DECLARAR DENTRO DE LA AVERIGUACIÓN PREVIA. SI BIEN NO TIENE LOS ALCANCES DE UNA ORDEN DE DETENCIÓN, AFECTA TEMPORALMENTE LA LIBERTAD DEAMBULATORIA DE LA PERSONA.", definió los alcances de la libertad deambulatoria, cuando es afectada por una orden de localización, búsqueda y presentación del indiciado para que declare dentro de la averiguación previa; la cual tiene efectos restrictivos del espacio al cual habrá de sujetarse al indiciado, razón por la que se limita temporalmente su derecho a la libertad.

e) Finalmente, el criterio que sustentó en la contradicción de criterios 414/2011, sostuvo que el hecho de que se vincule a proceso a una persona, implica que su libertad se afecte al menos parcial o temporalmente, en la medida en que su prosecución requiere de su ineludible presencia como presupuesto de continuidad, para someterlo formal y materialmente a proceso, por lo que lo obliga a comparecer en los plazos o las fechas indicadas por el Juez que conozca del asunto, cuantas veces resulte necesario, con miras a garantizar el seguimiento del proceso penal.

En la ejecutoria indicada, la Primera Sala de la Suprema Corte de Justicia de la Nación concluyó que la libertad personal de los individuos, se afecta a través de actos de autoridad que tengan como consecuencia material, privar al gobernado de su libertad personal, o los que determinen su permanencia en una situación de privación de libertad personal, que modifiquen las condiciones en que tal privación deba ejecutarse y cuando teniendo la posibilidad de gozar de una libertad absoluta, ésta se vea restringida por el hecho de estar sujeto a un proceso penal (foja 59 de la contradicción de criterios 414/2011).

Por esas razones, la Primera Sala de nuestro Máximo Tribunal Nacional precisó que cuando se afecta en forma temporal la libertad personal del inculpado, es incuestionable que dicho supuesto se ubica en el caso de excepción al principio de definitividad, consagrado por los artículos 107, fracción XII, de la Constitución Política de los Estados Unidos Mexicanos y 37 de la Ley de Amparo (el primero antes de la reforma de once de marzo de dos mil veintiuno y el segundo abrogado el tres de abril de dos mil trece, respectivamente).

Con esa base, se ha estimado que el reclamo del tiempo excesivo de la prisión preventiva impuesta en un proceso del sistema penal tradicional o mixto configura la excepción prevista en el artículo 61, fracción XVIII, inciso b), de la Ley de Amparo y, en consecuencia, puede promoverse el juicio de amparo indirecto en su contra sin necesidad de agotar previamente algún recurso o medio ordinario de defensa (Jurisprudencia 2026992 del Pleno Regional en Materia Penal de la Región Centro-Sur, con residencia en San Andrés Cholula, Puebla).

Al margen, debe aclararse que existen tribunales que han sostenido que la medida cautelar de prisión preventiva oficiosa, al exceder del plazo máximo de dos años establecido en el artículo 20, apartado B, fracción IX, de la Constitución Política de los Estados Unidos Mexicanos, es revisable ante el Juez del proceso en audiencia cuyo control debe agotarse previamente a la promoción del juicio de amparo indirecto, en atención al principio de definitividad (Tesis 2026291 del Tercer Tribunal Colegiado en Materia Penal del Tercer Circuito).

Con respeto, considero que las razones que se contienen en la jurisprudencia 2026992 del Pleno Regional en Materia Penal de la Región Centro-Sur, con Residencia en San Andrés Cholula, Puebla, que ya fueron detalladas, válidamente podrían considerarse para cualquier reclamo relacionado con la prisión preventiva sea oficiosa o justificada, de manera que actualizaría una excepción al principio de definitividad.

B) Cesación de efectos:

La citada causa de improcedencia se actualiza cuando el acto reclamado ha quedado insubsistente y han desaparecido del mundo jurídico y material todos sus efectos.

La Suprema Corte de Justicia de la Nación ha interpretado dicha causa de improcedencia, en la vía jurisprudencial, en el sentido de que los requisitos para que se acredite son: a) la existencia del acto reclamado; b) que un acto de autoridad sobrevenga y deje insubsistente de forma permanente el acto reclamado; c) una situación de hecho o de derecho que destruya en forma definitiva el acto reclamado, de modo que se vuelva al estado anterior a la violación; y, d) una situación de hecho que sobrevenga durante la tramitación del juicio y haga imposible el cumplimiento de la sentencia protectora.

Los anteriores supuestos no se actualizan cuando la prisión preventiva no ha sido destruida en forma total e incondicional, antes bien, sigue vigente desde su imposición y sus efectos.

Para que la cesación de efectos del acto reclamado se surta es necesario que se destruyan **todos** sus efectos en forma total e incondicional, de modo tal que las cosas vuelvan al estado que tenían antes de la violación constitucional, es decir, como si el acto no hubiere invadido la esfera jurídica de la quejosa, o habiéndola irrumpido, la cesación no deje ninguna huella, puesto que la razón que justifica la improcedencia no es la simple paralización o destrucción del acto de autoridad, sino la ociosidad de examinar la constitucionalidad de un acto que ya no está surtiendo sus efectos, ni los surtirá en la esfera jurídica de la quejosa, que amerite ser borrada con la protección constitucional de la Justicia Federal.

Por ello, cuando en el juicio de amparo se reclama la imposición de la prisión preventiva como medida cautelar dentro del proceso penal, la misma debe ser analizada en sentencia constitucional de fondo, aun cuando durante el trámite del juicio de amparo se advierta que **haya sobrevenido la revisión de la medida cautelar en la que se confirmó su imposición**.

Cierto, en estos casos no se actualiza la causa de improcedencia prevista en el artículo 61, fracción XXI, de la Ley de Amparo, porque el acto reclamado (imposición de la medida) sigue surtiendo sus efectos y, tendrá vigencia durante todo el proceso penal, mientras que la prisión preventiva no sea revocada sustituida o modificada, pues justo uno de los efectos de la eventual concesión del amparo sería que la persona no continuará resintiendo dicha medida cautelar en el proceso penal.

Dicha causa de improcedencia se actualizaría cuando todos los efectos del acto reclamado han desaparecido o se han destruido de forma total e incondicional, de modo que las cosas han vuelto al estado que tenían antes de la violación de derechos (Jurisprudencia 2024955 de la Primera Sala de la Suprema Corte de Justicia de la Nación).

Con motivo de la suspensión del acto reclamado consistente en la prisión preventiva oficiosa o justificada, en ocasiones se ordena celebrar una audiencia de revisión de medida; y, existe la incertidumbre sobre si en esos casos existirá una cesación de efectos cuando no es procedente modificar la medida; esa pregunta está plenamente respondida con lo expuesto previamente.

La inquietud subsiste en aquellos casos en los cuales, con motivo de la suspensión concedida se determina la procedencia de modificar la medida de prisión preventiva; pues en tal supuesto habrá que analizar caso por caso; porque, por ejemplo cuando se reclama la inconstitucionalidad o inconvencionalidad de alguna norma a la par del acto de aplicación, podría subsistir la materia del reclamo (ley) aun con la modificación de la medida. Incluso, deberá examinarse si la nueva determinación vincula lo resuelto a la primigenia imposición de medida cautelar, así como también habrá de analizarse si el acto reclamado se ha destruido de forma total e incondicional.

Ahora, si el acto reclamado consiste en la imposición de la prisión preventiva como medida cautelar y debido a un acuerdo reparatorio con la víctima del delito, se declara extinta la acción penal y, por ende, el sobreseimiento en la carpeta administrativa correspondiente, ello sí origina que se actualice la causa de improcedencia de cesación de efectos (Tesis 2008961 del Primer Tribunal Colegiado del Segundo Circuito con Residencia en Ciudad Nezahualcóyotl, Estado de México).

C) Consumación de actos de manera irreparable:

La Ley de Amparo establece que el juicio de amparo es improcedente contra los actos consumados de un modo irreparable, de modo que no basta que el acto que se consume para que surja la improcedencia, sino que es indispensable que tal consumación sea irreparable (Tesis 280049 del Pleno de la Suprema Corte de Justicia de la Nación).

Cuando en la audiencia inicial del sistema penal acusatorio y oral, el Juez de control imponga por un tiempo determinado la medida cautelar consistente en la prisión preventiva y el imputado la reclame en un juicio constitucional, ésta debe entenderse consumada de modo irreparable en el momento en que su vigencia se agote por el solo transcurso del tiempo. Esto es así, ya que, aun cuando se considerara inconstitucional la privación de la libertad de la que fue objeto el quejoso, no podría restituírsele en el goce de ese derecho por el periodo del que fue privado de él, al ser material y jurídicamente imposible retrotraer el tiempo (Tesis 2010908 del Tercer Tribunal Colegiado del Vigésimo Séptimo Circuito).

Si se reclama el auto de vinculación a proceso, así como la medida cautelar de prisión preventiva y de autos se advierte que, sin llegar a la etapa intermedia, se emitió la sentencia definitiva, en virtud de que el acusado se sujetó al procedimiento abreviado, ello origina que las posibles trasgresiones en los actos reclamados queden irreparablemente consumadas, y actualiza la causa de improcedencia prevista en el artículo 61, fracción XVII de la Ley de Amparo (Tesis 2013779 del Tribunal Colegiado del Vigésimo Tercer Circuito).

D) Actos de imposible reparación:

El Pleno de la Suprema Corte de Justicia de la Nación, al resolver las contradicciones de tesis 377/2013 y 14/2015, respectivamente, determinó que por actos de imposible reparación deben entenderse aquellos que producen una afectación material a derechos sustantivos, ya sea que éstos se encuentren reconocidos en la Constitución Política de los Estados Unidos Mexicanos o en los tratados internacionales de los que el Estado Mexicano sea parte, y precisó que sus consecuencias, al ser de tal gravedad, impiden en forma actual el ejercicio del derecho involucrado, por lo que con su dictado no sólo producen lesiones jurídicas de naturaleza formal o adjetiva.

Asimismo, estableció que para delimitar esa irreparabilidad, se establecieron dos condiciones: 1) que se trate de actos "que afecten materialmente derechos", lo que equivale a situar el asunto en aquellos supuestos en los que el acto de autoridad impide el libre ejercicio de algún derecho en forma presente; y, 2) que esos derechos revistan la categoría de "sustantivos", expresión que resulta antagónica a los de naturaleza formal o adjetiva, en los que la afectación no es actual, sino que depende de que llegue o no a trascender al desenlace del juicio o procedimiento.

Con base en ello, al resolver la Contradicción de tesis 168/2016, la Primera Sala del Alto Tribunal determinó que la decisión de un tribunal de alzada que ordena oficiosamente la reposición de un proceso penal instaurado contra un imputado que se encuentra en reclusión preventiva, constituye un acto de imposible reparación contra el cual procede el juicio de amparo indirecto, toda vez que si bien es cierto que esa determinación no contiene pronunciamientos relacionados con el fondo del asunto, también lo es que derivado de ésta, la decisión del caso se pospone y la restricción a la libertad personal a la que el quejoso está sujeto de forma preventiva se prolonga, pudiéndose afectar, desde el pronunciamiento de dicha resolución, el derecho fundamental a que la citada restricción de la libertad sea por un plazo razonable, el cual está reconocido tanto en la Constitución Federal, como en diversos tratados internacionales suscritos por México.

Siguiendo esa línea argumentativa, se ha establecido que la resolución del Tribunal de Alzada que ordena la regularización del procedimiento de revisión de la medida cautelar de prisión preventiva impuesta al quejoso no privado de su libertad, por no haberse sustanciado el incidente respectivo conforme al Código Nacional de Procedimientos Penales, no constituye un acto de imposible reparación para efectos de la procedencia del juicio de amparo indirecto, al no afectar derechos sustantivos (Tesis 2023499 del Noveno Tribunal Colegiado en Materia Penal del Primer Circuito). Por el contrario, si la persona se encontrara detenida, sí sería un acto de imposible reparación.

E) Cambio de situación jurídica:

La Primera Sala de la Suprema Corte de Justicia de la Nación[19] ha establecido que se actualiza la causa de improcedencia relativa al cambio de situación jurídica cuando en el juicio de amparo se reclama un acto de autoridad de naturaleza procesal, emitido dentro de un procedimiento judicial o uno administrativo seguido en forma de juicio, respecto del cual no es posible decidir sobre su constitucionalidad sin afectar el estado de cosas, provocado por un acto nuevo y posterior, también procesal, que sustituye como rector de la situación jurídica del quejoso, al inicialmente reclamado.

---

[19] Tesis registro 2020121

Ha precisado que el cambio de situación jurídica, por regla general, se produce cuando concurren los supuestos siguientes:

a) Que el acto reclamado en el juicio de amparo emane de un procedimiento judicial, o de un administrativo seguido en forma de juicio;

b) Que con posterioridad a la presentación de la demanda de amparo se pronuncie una resolución que cambie la situación jurídica en que se encontraba el quejoso por virtud del acto que reclamó en el amparo;

c) Que no pueda decidirse sobre la constitucionalidad del acto reclamado sin afectar la nueva situación jurídica, y por ende, que deban considerarse consumadas irreparablemente las violaciones reclamadas en el juicio de amparo;

d) Que haya autonomía o independencia entre el acto que se reclamó en el juicio de amparo, y la nueva resolución dictada en el procedimiento relativo, de modo que esta última pueda subsistir, con independencia de que el acto materia del amparo resulte o no inconstitucional.

Precisó que no se trata de cualquier cambio de situación jurídica, sino únicamente el derivado de los diferentes estadios en los que se divide el procedimiento judicial o administrativo seguido en forma de juicio; es decir, esta causal de improcedencia se refiere a la irreparabilidad jurídica por el dictado de un acto posterior al reclamado, que por su existencia o validez, goza de autonomía frente al anterior, de modo que puede subsistir con independencia de que el combatido en el juicio de amparo pudiera ser ilegal, de manera que impide examinar las violaciones alegadas respecto al acto que se reclama, pues de hacerlo se afectaría la nueva situación jurídica creada por el acto sobrevenido.

Así, el Alto Tribunal Nacional ha establecido que, para que se actualice la referida causal de improcedencia, se requiere indefectiblemente que se pronuncie una resolución que cambie la situación jurídica en que se encontraba el quejoso al momento de promover el juicio de amparo y que no pueda decidirse sobre la constitucionalidad del acto reclamado que definía su situación jurídica, sin afectar la situación jurídica que al momento de resolverse en definitiva en el juicio de amparo define su estatus jurídico, por lo que deben considerarse consumadas irreparablemente las violaciones reclamadas, al actualizarse una irreparabilidad jurídica.

Un elemento medular para tener por actualizada a la referida improcedencia, es que las violaciones reclamadas en el procedimiento respectivo hayan quedado consumadas irreparablemente, por no poder decidirse en tal procedimiento sin afectar la nueva situación jurídica.

La consumación irreparable de las violaciones reclamadas en el procedimiento respectivo se presenta cuando el acto reclamado se ejecuta en su totalidad, sin que sea posible volver las cosas a su estado original, en virtud de que no subsiste ningún efecto jurídico. Por tanto, el cambio de situación jurídica requiere de la plena extinción de las consecuencias del acto reclamado.

Bajo ese contexto argumentativo, cuando se reclama la resolución dictada en el incidente no especificado de revisión de medida cautelar de prisión preventiva decretada en el sistema penal tradicional y el Juez de la causa **dicta sentencia condenatoria** contra el quejoso, **no opera un cambio de situación jurídica**, ya que el artículo 180 del Código Nacional de Procedimientos Penales prevé que cuando se recurra la sentencia condenatoria, continuará el seguimiento de las medidas cautelares impuestas hasta que cause estado la sentencia, por lo que, de ser el caso, las violaciones cometidas con la determinación incidental reclamada, sí pueden repararse en el juicio constitucional sin afectar la nueva situación jurídica generada por la sentencia de primera instancia, mientras ésta no cause estado, o al haber sido recurrida, se resuelva el medio de impugnación con sentencia definitiva (Tesis 2017920 del Cuarto Tribunal Colegiado en Materia Penal del Primer Circuito).

Asimismo, cuando se reclama la imposición de una o varias de las medidas cautelares previstas en el Código Nacional de Procedimientos Penales, como por ejemplo, la prisión preventiva justificada y durante la sustanciación del juicio **se dicta sentencia definitiva en primera instancia**, en contra del agraviado, ello **no actualiza un cambio de situación jurídica** (Tesis 2017692 del Primer Tribunal Colegiado en Materia Penal del Primer Circuito).

Entonces, puede afirmarse que el hecho de que por ejemplo, por virtud a la suspensión decretada en el incidente de suspensión de un juicio de amparo se celebre una audiencia ante el juez de Control y resuelva lo concerniente, favorable o no a la persona imputada o procesada, no se actualiza la causa de improcedencia relativa al cambio de situación jurídica.

En cambio, cuando se reclama cualquier cuestión inherente a la medida cautelar de prisión preventiva, **se actualiza** un cambio de situación jurídica **con el dictado de la sentencia absolutoria** en el proceso penal natural, sin necesidad de esperar a que ésta cause estado, pues cambia la situación de la persona imputada de vinculada a libre (Tesis 2022025 del Segundo Tribunal Colegiado del Décimo Circuito).

3. Litis en el juicio de amparo:

A) Fijación del acto reclamado: El primer aspecto para determinar cuál será la materia de un juicio de amparo es fijar con claridad cuál es el acto reclamado.

Respecto al tema de prisión preventiva actualmente se presentan en los Tribunales un sin número de hipótesis; destacan:

a. La imposición de la **prisión preventiva oficiosa.**

b. La resolución que **niega modificar o revocar la prisión preventiva oficiosa.**

c. La imposición de la **prisión preventiva justificada por delito que conforme al artículo 19 de la Constitución Federal <u>sí</u> amerita prisión preventiva oficiosa.**

d. La imposición de la **prisión preventiva justificada por delito que conforme al artículo 19 de la Constitución Federal <u>no</u> amerita prisión preventiva oficiosa.**

e. La **prisión preventiva justificada derivada de la modificación de la prisión preventiva oficiosa.**

f. La resolución que **niega modificar o revocar la prisión preventiva justificada por delito que conforme al artículo 19 de la Constitución Federal sí amerita prisión preventiva oficiosa**.

g. La resolución que **niega modificar o revocar la prisión preventiva justificada por delito que conforme al artículo 19 de la Constitución Federal no amerita prisión preventiva oficiosa**.

h. La **prisión preventiva oficiosa** que pueda derivar de la ejecución de una orden de aprehensión.

i. La omisión de revisar la **prisión preventiva** después de haber trascurrido dos años de impuesta la misma.

Fijado con exactitud el acto reclamado es que la autoridad de amparo está en condiciones de analizar la legalidad, constitucionalidad y convencionalidad del mismo. La realidad es que desde la perspectiva práctica, incluso en la elaboración de este estudio, en sus avances, se incurrió en confusiones, hasta llegar al análisis que se presenta.

B) Materia de estudio: Atendiendo a la suplencia de la queja que opera en los casos en los cuales una persona imputada o procesada reclama un tema relativo a la prisión preventiva, conforme al artículo 79 de la Ley de Amparo, se estima que hay temas que deben examinarse indefectiblemente, como son los siguientes:

a. Imposición de la prisión preventiva oficiosa. Básicamente se debe examinar la legalidad, constitucionalidad y convencionalidad de la prisión preventiva oficiosa; que el delito atribuido sea de los que taxativamente se considera ameritan prisión preventiva oficiosa; el tiempo trascurrido desde su imposición; la fundamentación y motivación de la resolución y, desde luego, las formalidades en la audiencia respectiva (Incluyendo la presencia de las partes, la defensa formal y material, así como la legislación con base en la cual se sustanció).

b. Resolución que niega modificar o revocar la prisión preventiva oficiosa. En este caso, la materia sustancial del amparo será la constitucionalidad y convencionalidad de la prisión preventiva oficiosa, así como la legalidad de los motivos y fundamentos con base en los cuales se sustanció el respectivo incidente; tendrá que analizarse el emplazamiento a las partes en el mismo; la asistencia jurídica formal y material a la persona imputada y víctima; lo argumentado en la audiencia por las partes y su estudio en la resolución impugnada; el análisis realizado de los datos de prueba aportados, así como de los medios de prueba; y, sin duda, el tiempo trascurrido y lo fundado de las razones expuestas por el Ministerio Público para que continué la vigencia de la prisión preventiva oficiosa. Ello, al margen del análisis sobre si la resolución se encuentra fundada y motivada conforme al artículo 16 de la Constitución Federal.

c. La imposición de la prisión preventiva justificada por delito que conforme al artículo 19 de la Constitución Federal sí amerita prisión preventiva oficiosa. Básicamente la legalidad de la prisión preventiva justificada, examinando el estudio realizado sobre las razones, datos de prueba y medios de prueba aportados por el Ministerio Público para justificar al juez de Control la necesidad de la medida cautelar de prisión preventiva; el análisis de lo argumentado por la persona imputada, su defensa y la parte victimal; el delito en realidad no es relevante conforme al examen jurisprudencial que antecede[20]; el juzgador de amparo también habrá de analizar que la resolución se encuentre fundada y motivada, así como las formalidades en la audiencia respectiva (Incluyendo la presencia de las partes, su defensa formal y material, así como la legislación con base en la cual se sustanció).

d. La imposición de la prisión preventiva justificada por delito que conforme al artículo 19 de la Constitución Federal no amerita prisión preventiva oficiosa. Básicamente la legalidad de la prisión preventiva justificada, examinando las razones, datos de prueba y medios de prueba aportados por el Ministerio Público para justificar al juez de Control la necesidad de la medida cautelar de prisión preventiva, lo argumentado por la persona imputada, su defensa y la parte victimal; el delito en realidad no es relevante como en el caso anterior; el juzgador de amparo también habrá de analizar que la resolución se encuentre fundada y motivada, así como las formalidades en la audiencia respectiva (Incluyendo la presencia de las

---

[20] Se sugiere al lector remitirse al estudio de la prisión preventiva justificada.

partes, su defensa formal y material, así como la legislación con base en la cual se sustanció).

e. La **prisión preventiva justificada derivada de la modificación de la prisión preventiva oficiosa.** Básicamente la legalidad de la prisión preventiva justificada, examinando el estudio realizado sobre las razones, datos de prueba y medios de prueba aportados por el Ministerio Público para justificar al juez de Control la necesidad de la medida cautelar de prisión preventiva; el análisis de lo argumentado por la persona imputada, su defensa y la parte victimal; el delito en realidad no es relevante conforme al examen jurisprudencial que antecede; el juzgador de amparo también habrá de analizar que la resolución se encuentre fundada y motivada, así como las formalidades en la audiencia respectiva (Incluyendo la presencia de las partes, su defensa formal y material, así como la legislación con base en la cual se sustanció).

f. La **resolución que niega modificar o revocar la prisión preventiva justificada por delito que conforme al artículo 19 de la Constitución Federal si amerita prisión preventiva oficiosa.** La materia sustancial del amparo será la legalidad de los motivos y fundamentos con base en los cuales se sustanció el respectivo incidente; el emplazamiento de las partes en el mismo; la asistencia jurídica formal y material al imputado y víctima; lo argumentado en la audiencia por las partes y su estudio en la resolución impugnada; el análisis realizado de los datos de prueba aportados, así como de los medios de prueba; y, sin duda, el tiempo trascurrido y lo fundado de las razones expuestas por el Ministerio Público para que continué la vigencia de la prisión preventiva. Ello, al margen del análisis sobre si la resolución se encuentra fundada y motivada conforme al artículo 16 de la Constitución Federal. En este caso, como se ha expuesto, el delito atribuido no es determinante de lo que se resuelva.

g. La resolución que **niega modificar o revocar la prisión preventiva justificada por delito que conforme al artículo 19 de la Constitución Federal no amerita prisión preventiva oficiosa.** La materia sustancial del amparo será la legalidad de los motivos y fundamentos con base en los cuales se sustanció el respectivo incidente; el emplazamiento de las partes en el mismo; la asistencia jurídica formal y material al imputado y víctima; lo argumentado en la audiencia por las partes y su estudio en la resolución impugnada; el análisis realizado de los datos de prueba aportados, así como de los medios de prueba; y, sin duda, el tiempo trascurrido y lo fundado de las razones expuestas por el Ministerio Público para que continué la vigencia de la prisión preventiva. Ello, al margen del análisis sobre si la resolución se encuentra fundada y motivada conforme al artículo 16 de la Constitución Federal. En este caso, como se ha expuesto, el delito atribuido no es determinante de lo que se resuelva.

h. La prisión preventiva oficiosa que pueda derivar de la ejecución de una orden de aprehensión. Además del estudio sobre los requisitos constitucionales y legales para la emisión de una orden de aprehensión, puede ser materia de examen la constitucionalidad y convencionalidad de la prisión preventiva oficiosa. No se realiza mayor precisión, porque en estos casos, lo sustancial es el análisis de la orden de captura, aunque sí se abundará en el capítulo de la suspensión del acto reclamado, por el impacto que puede tener el que la orden de aprehensión se haya librado por delito que sí amerita prisión preventiva oficiosa.

i. La omisión de revisar la prisión preventiva después de haber trascurrido dos años de impuesta la misma. En estos casos, el examen toral estriba en analizar si han trascurrido más de dos años de que a una persona se le impuso la prisión preventiva, sea justificada u oficiosa; y, no se ha revisado por parte de la autoridad judicial la necesidad de que la misma continúe vigente, desde luego, en audiencia celebrada conforme al Código Nacional de Procedimientos Penales.

Todo lo anterior, **con la precisión** de que cuando se reclama a través del juicio de amparo indirecto la medida cautelar de prisión preventiva, en el juicio constitucional se debe verificar el análisis formulado por el juez de control en torno al debate en la audiencia en que se determinó su imposición, no debe revisar las constancias que integran la carpeta de investigación (Tesis 2016462 del Segundo Tribunal Colegiado en Materia Penal del Sexto Circuito).

La fijación de la materia sustancial de algunas de las hipótesis en las que se reclama a través del juicio de amparo alguna variante de la prisión preventiva, tiene como finalidad explicar que los conceptos de violación deberían enfocarse sustancialmente a esos temas, para evitar que puedan declararse inoperantes los que estén fuera de la litis.

4. Impugnación de las sentencias de amparo:

Por regla general, las resoluciones que se dicten en un juicio de amparo indirecto en el que se resuelva algún tema relacionado con la prisión preventiva son impugnables a través del recurso de revisión, conforme al artículo 81, fracción I, inciso e, de la Ley de Amparo.

Asimismo, en la generalidad de los casos, las partes tienen legitimación para interponer tal recurso, con algunas salvedades que pueden obtenerse de criterios de algunos Tribunales Federales:

a) Si el Juez de amparo otorga la protección constitucional al quejoso por estimar que la responsable, al resolver sobre la revisión de la medida cautelar de prisión preventiva atendió a las formalidades previstas en el Código Federal de Procedimientos Penales y no a las del Código Nacional de Procedimientos Penales, dicho proceder no constituye un agravio real para el Ministerio Público Federal, por ende, carece de legitimación para impugnar tal determinación (Tesis 2015658 del Séptimo Tribunal Colegiado en Materia Penal del Primer Circuito).

b) La concesión del amparo contra la medida cautelar de prisión preventiva para el efecto de que la autoridad responsable dé trámite a la solicitud del imputado de revisar aquélla en la vía incidental, no le irroga perjuicio a la parte tercero interesada, por lo que carece de legitimación para impugnar esa determinación a través del recurso de revisión (Tesis 2014946 del Noveno Tribunal Colegiado en Materia Penal del Primer Circuito).

5. Cumplimiento de las sentencias de amparo que protegen contra determinaciones relativas a la prisión preventiva:

El artículo 77 de la Ley de Amparo, dispone:

"Artículo 77. Los efectos de la concesión del amparo serán:

I. Cuando el acto reclamado sea de carácter positivo se restituirá al quejoso en el pleno goce del derecho violado, restableciendo las cosas al estado que guardaban antes de la violación; y

II. Cuando el acto reclamado sea de carácter negativo o implique una omisión, obligar a la autoridad responsable a respetar el derecho de que se trate y a cumplir lo que el mismo exija.

En el último considerando de la sentencia que conceda el amparo, el juzgador deberá determinar con precisión los efectos del mismo, especificando las medidas que las autoridades o particulares deban adoptar para asegurar su estricto cumplimiento y la restitución del quejoso en el goce del derecho.

En asuntos del orden penal en que se reclame una orden de aprehensión o autos que establezcan providencias precautorias o impongan medidas cautelares restrictivas de la libertad con motivo de delitos que la ley no considere como graves o respecto de los cuales no proceda la prisión preventiva oficiosa conforme la legislación procedimental aplicable, la sentencia que conceda el amparo surtirá efectos inmediatos, sin perjuicio de que pueda ser revocada mediante el recurso de revisión; salvo que se reclame el auto por el que se resuelva la situación jurídica del quejoso en el sentido de sujetarlo a proceso penal, en términos de la legislación procesal aplicable, y el amparo se conceda por vicios formales.

En caso de que el efecto de la sentencia sea la libertad del quejoso, ésta se decretará bajo las medidas de aseguramiento que el órgano jurisdiccional estime necesarias, a fin de que el quejoso no evada la acción de la justicia.

En todo caso, la sentencia surtirá sus efectos, cuando se declare ejecutoriada o cause estado por ministerio de ley." (Lo resaltado es propio)

Del precepto legal trascrito considero pertinente destacar el apartado en el cual se dispone que en asuntos del orden penal en que se reclame una orden de aprehensión o autos que establezcan providencias precautorias o impongan medidas cautelares restrictivas de la libertad con motivo de delitos que la ley **no considere como graves o respecto de los cuales no proceda la prisión preventiva oficiosa conforme la legislación procedimental aplicable,** la sentencia que conceda el amparo surtirá efectos inmediatos; pues ello implica que, cuando se conceda un amparo contra actos relacionados con la prisión preventiva por delitos que no ameriten prisión preventiva oficiosa o sean considerados no graves en las legislaciones penales respectivas, debe ordenarse su cumplimiento al emitirse la sentencia de primer grado, aun cuando la determinación no haya causado ejecutoria.

Lo anterior, como otras cuestiones que he mencionado a lo largo de este estudio, aún nos resultan difíciles de concebir, pues se tiene la idea de que sólo una sentencia firme puede ser ejecutable; sin embargo, la ley es determinante sobre el particular.

La resolución del Juez de Distrito en la que se niega a exigir a la autoridad responsable que deje sin efectos inmediatamente una orden restrictiva de la libertad en materia penal, en virtud del amparo concedido en los casos mencionados, por encontrarse sub júdice un recurso de revisión en su contra es impugnable a través del recurso de queja, acorde al artículo 97, fracción I, inciso e (Jurisprudencia 2022534 de la Primera Sala de la Suprema Corte de Justicia de la Nación).

Si en el juicio de amparo se otorga la protección constitucional contra la medida cautelar de prisión preventiva impuesta al inculpado en un proceso penal, **bajo el argumento de que contraviene el principio de presunción de inocencia,** y en el cumplimiento sólo se deja sin efectos formales dicha medida, en tanto que el accionante sigue privado de su libertad a causa de ésta, no puede tenerse por cumplido el fallo protector por más que el Juez de control haya dejado formalmente insubsistente esa medida cautelar, si antes no se corrobora el acatamiento material del efecto sustancial de la ejecutoria de amparo, que exige concretizar la insubsistencia completa e integral de ésta, es decir, finiquitar sus efectos y consecuencias, tanto materiales como formales. Sin que pueda concebirse de otra manera, porque si el motivo de la concesión de amparo fue la violación a un derecho humano (la libertad), el restablecimiento genuino de éste no puede ser únicamente formal, debe ser ante todo real y efectivo, para restituir al quejoso en el pleno goce del derecho violado, como lo ordena la fracción I del artículo 77 de la Ley de Amparo. Por tanto, para tener por cumplida esa sentencia de amparo, debe constatarse que se hayan cumplido todos los efectos del fallo protector, tanto formales como materiales, habida cuenta que el debido cumplimiento de una sentencia de amparo es una cuestión de orden público, cuyo acatamiento no puede ser defectuoso y/o excesivo, sino congruente con lo efectivamente examinado y decidido en la ejecutoria. De ahí que para tener por cumplida la ejecutoria, es insuficiente con dejarla insubsistente, ante todo, debe constatarse que la medida ya no tiene efecto alguno -formal y material- en la esfera jurídica del quejoso (Tesis 2013863 del Primer Tribunal

Colegiado del Segundo Circuito con residencia en Ciudad Nezahualcóyotl, Estado de México).

Capítulo 8. Suspensión del acto reclamado

1. Definición de suspensión del acto reclamado:

La suspensión del acto reclamado es una institución de naturaleza procesal, una medida cautelar que tiene por objeto mantener viva la materia del amparo, es decir, impedir que se consume irreparablemente el acto o actos recamados y de esa manera no llegue a resultar inútil para la parte quejosa la protección de la Justicia Federal que pretende (Pleno de la Suprema Corte de Justicia de la Nación, contradicción de tesis 195/2020)

2. Regulación especial de la suspensión del acto reclamado para materia penal:

Del artículo 159 al 169 de la Ley de Amparo se regula específicamente la suspensión del acto reclamado en materia penal; no obstante, para resolver lo conducente es necesario atender las disposiciones comunes, como es lo relativo las reglas generales; tales como los requisitos para su concesión. Así lo ha establecido la Suprema Corte de Justicia de la Nación, como se explica posteriormente.

3. Requisitos que deben satisfacerse para obtener la suspensión del acto reclamado:

Conforme al artículo 128 de la Ley de Amparo y los criterios del Alto Tribunal identificados con los registros digitales 2011614 y 2015310:

a) Que la solicite el quejoso;

b) El acto exista;

c) El acto sea susceptible de suspenderse; y,

d) Que no se siga perjuicio al interés social ni se contravengan disposiciones de orden público.

De manera ejemplificativa el artículo 129 de la Ley de Amparo establece algunos casos en los cuales se considera que se siguen perjuicios al interés social o se contravienen disposiciones de orden público, como acontece en materia penal, cuando:

- De concederse la suspensión continúe la producción o el comercio de narcóticos; y

- Se permita la consumación o continuación de delitos o de sus efectos.

Además de los requisitos expuestos, para que pueda concederse la suspensión del acto reclamado, de acuerdo con el artículo 107, fracción X de la Constitución Federal y, su interpretación realizada por la Primera Sala de la Suprema Corte de Justicia de la Nación, en la tesis con registro digital 2015310, también deben colmarse las siguientes exigencias:

e) La apariencia del buen derecho

f) La necesidad de conceder la medida para preservar la materia del juicio (peligro en la demora).

4. Apariencia del Buen Derecho:

Por la especial importancia que reviste este tema para resolver sobre la suspensión del acto reclamado relacionado con la prisión preventiva, se estima necesario destacar los siguientes aspectos de la apariencia del buen derecho, que servirán para resolver respecto de la medida cautelar:

a) La apariencia del buen Derecho es un conocimiento superficial dirigido a lograr una decisión de mera probabilidad respecto de la existencia del derecho discutido en el proceso. (Jurisprudencia del Pleno de la Suprema Corte de Justicia de la Nación, registro digital 200136).

b) Implica que según un cálculo de probabilidades, es posible anticipar que en la sentencia de amparo se declarará la inconstitucionalidad del acto reclamado (Podría decirse válidamente que se trata de un acto manifiesta e indudablemente ilegal, inconstitucional o inconvencional). Aunque en definitiva ello será materia de la sentencia que se dicte en el juicio principal.

c) Debe examinarse caso por caso.

d) La apariencia del buen Derecho debe sopesarse con los otros elementos requeridos para la suspensión, porque si el perjuicio al interés social o al orden público es mayor a los daños y perjuicios de difícil reparación que pueda sufrir el quejoso, debe negarse la suspensión solicitada, ya que la preservación del orden público o del interés de la sociedad están por encima del interés particular afectado (Tesis de la Segunda Sala de la Suprema Corte de Justicia de la Nación, tesis registro digital 165659).

e) La apariencia del buen Derecho no puede invocarse para negar la suspensión del acto reclamado (Pleno de la Suprema Corte de Justicia de la Nación, tesis registro digital 2025294).

5. Peligro en la demora:

Consiste en la posible frustración de los derechos del pretendiente de la medida, que puede darse como consecuencia de la tardanza en el dictado de la resolución de fondo (Pleno de la Suprema Corte de Justicia de la Nación, tesis registro digital 200137).

6. Efectos de la suspensión del acto reclamado en materia penal:

A) Arbitrio de los Tribunales al resolver sobre la suspensión de los actos reclamados en un juicio de amparo:

En la jurisprudencia P./J. 4/2019 (10a.), el Pleno de la Suprema Corte de Justicia de la Nación sostuvo que el Juzgador está legalmente facultado para precisar, conforme a su prudente arbitrio, las consecuencias y/o estatus legal en que deban quedar las cosas a partir de que conceda la medida cautelar, sin importar que para ello se aparte de los efectos propuestos por el quejoso en su escrito inicial, ya sea para maximizarlos o ajustarlos a las necesidades del caso concreto, pues se trata de conservar la materia del juicio de amparo y no de limitarse mecánicamente a proveer la suspensión en los términos estrictos planteados por el quejoso.

B) Efectos de la suspensión del acto reclamado conforme a los artículos 163 y 166 de la Ley de Amparo:

Para el estudio que se efectúa se considera necesario trascribir los artículos 163 y 166 de la Ley de Amparo:

"**Artículo 163.** Cuando el amparo se pida contra actos que afecten la libertad personal dentro de un procedimiento del orden penal, de conformidad con lo dispuesto en el artículo 166 de esta Ley, la suspensión producirá el efecto de que el quejoso quede a disposición del órgano jurisdiccional que conozca del amparo, sólo en lo que se refiere a dicha libertad, pero a disposición de la autoridad que deba juzgarlo, para la continuación del procedimiento."

Artículo 166. Cuando se trate de orden de aprehensión o reaprehensión o de medida cautelar que implique privación de la libertad, dictadas por autoridad competente, se estará a lo siguiente:

I. Si se trata de delitos de prisión preventiva oficiosa a que se refiere el artículo 19 constitucional, la suspensión sólo producirá el efecto de que el quejoso quede a disposición del órgano jurisdiccional de amparo en el lugar que éste señale únicamente en lo que se refiera a su libertad, quedando a disposición de la autoridad a la que corresponda conocer el procedimiento penal para los efectos de su continuación;

II. Si se trata de delitos que no impliquen prisión preventiva oficiosa, la suspensión producirá el efecto de que el quejoso no sea detenido, bajo las medidas de aseguramiento que el órgano jurisdiccional de amparo estime necesarias a fin de que no evada la acción de la justicia y se presente al proceso penal para los efectos de su continuación y pueda ser devuelto a la autoridad responsable en caso de que no obtenga la protección de la justicia federal.

Cuando el quejoso ya se encuentre materialmente detenido por orden de autoridad competente y el Ministerio Público que interviene en el procedimiento penal solicite al juez la prisión preventiva porque considere que otras medidas cautelares no sean suficientes para garantizar la comparecencia del imputado en el juicio, el desarrollo de la investigación, la protección a la víctima, de los testigos o de la comunidad, así como cuando el imputado esté siendo procesado o haya sido sentenciado previamente por la comisión de un delito doloso, y el juez del proceso penal acuerde la prisión preventiva, el efecto de la suspensión sólo será el establecido en la fracción I de este artículo.

Si el quejoso incumple las medidas de aseguramiento o las obligaciones derivadas del procedimiento penal, la suspensión será revocada con la sola comunicación de la autoridad responsable.

En el caso de órdenes o medidas de protección impuestas en cualquiera de las etapas de un procedimiento penal se estará a lo dispuesto en el penúltimo párrafo del artículo 128."

De los artículos trascritos se obtiene que, cuando el amparo se pida contra actos que afecten la libertad personal dentro de un procedimiento del orden penal, la suspensión producirá el efecto de que el quejoso quede a disposición del órgano jurisdiccional que conozca del amparo, sólo en lo que se refiere a dicha libertad, pero a disposición de la autoridad que deba juzgarlo, para la continuación del procedimiento.

Asimismo, se colige que cuando se reclame una orden de aprehensión o reaprehensión o de medida cautelar que implique privación de la libertad, dictadas por autoridad competente, la suspensión concedida será para los siguientes efectos:

a) **Si se trata de los delitos que ameriten prisión preventiva oficiosa** a que se refiere el artículo 19 constitucional, el efecto será que el quejoso quede a disposición del órgano jurisdiccional de amparo en el lugar que éste señale únicamente en lo que se refiera a su libertad, quedando a disposición de la autoridad a la que corresponda conocer el procedimiento penal para los efectos de su continuación;

b) **Si se trata de delitos que no impliquen prisión preventiva oficiosa**, la suspensión producirá el efecto de que el quejoso no sea detenido, bajo las medidas de aseguramiento que el órgano jurisdiccional de amparo estime necesarias a fin de que no evada la acción de la justicia y se presente al proceso penal para los efectos de su continuación y pueda ser devuelto a la autoridad responsable en caso de que no obtenga la protección de la justicia federal.

c) Cuando el quejoso ya se encuentre materialmente detenido por orden de autoridad competente y el Ministerio Público que interviene en el procedimiento penal solicite al juez la prisión preventiva porque considere que otras medidas cautelares no sean suficientes para garantizar la comparecencia del imputado en el juicio, el desarrollo de la investigación, la protección a la víctima, de los testigos o de la comunidad, así como cuando el imputado esté siendo procesado o haya sido sentenciado previamente por la comisión de un delito doloso, y el juez del proceso penal acuerde la prisión preventiva, el efecto de la suspensión será que el quejoso quede a disposición del órgano jurisdiccional de amparo en el lugar que éste señale únicamente en lo que se refiera a su libertad, quedando a disposición de la autoridad a la que corresponda conocer el procedimiento penal para los efectos de su continuación.

Respecto a los efectos que debe darse a la suspensión cuando se reclama un acto relacionado con el tema de prisión preventiva es que en los Tribunales Federales existe una gran disparidad; pues mientras algunos consideran que los efectos deben ser exclusivamente los que establecen los artículos 163 y 166 de la Ley de Amparo, otros señalan que deben ir más allá y, atendiendo a la apariencia del buen Derecho, darle efectos restitutorios.

Esos efectos restitutorios pueden implicar el celebrar una audiencia de revisión de medida o incluso la obtención de la libertad en aquellos casos que la restricción de la libertad deriva de la prisión preventiva oficiosa, al estimar que ésta es inconvencional.

C) Efectos restitutorios de la suspensión del acto reclamado:

La Primera Sala de la Suprema Corte de Justicia de la Nación[21], ha establecido que:

a) La suspensión participa de los efectos prácticos de la resolución definitiva del juicio de amparo.

---

[21] Tesis registro digital 2011829.

b) La suspensión no se limita sólo a las medidas de conservación, sino también a las de restablecer al quejoso en el goce del derecho afectado con el acto reclamado, para mantener viva la materia del amparo e impedir los perjuicios que éste pueda resentir por la duración del proceso.

c) La suspensión constituye un amparo provisional con el que se anticipa la tutela constitucional sobre la base del aparente derecho advertido en un estudio minucioso y preliminar del asunto, a reserva de que, en la sentencia definitiva, se consolide esa situación si se constata la existencia del derecho aparente o, de lo contrario, se permita la continuación de los efectos del acto reclamado.

d) Para ello, la persona titular del juzgado debe:

- Realizar un **análisis ponderado de la apariencia del buen derecho.**
- Examinar la no afectación del interés social.
- Estudiar la no contravención de disposiciones de orden público.
- Examinar que no exista impedimento material o jurídico para ello.

Conforme a lo expuesto, cada asunto debe analizarse en forma particular para verificar si se prueba la apariencia del buen derecho y el peligro en la demora que, es lo que debe determinar si se conceden o niegan los efectos restitutorios a la suspensión del acto reclamado.

Lo anterior, desde luego, en el entendido de que ello no significa que la medida cautelar tenga efectos restitutorios definitivos, propios de la sentencia de amparo, ya que el acto sigue existiendo, porque los efectos de la suspensión serán duraderos, en su caso, hasta que se resuelva en definitivamente el juicio de amparo.

D) Efectos restitutorios a la suspensión del acto reclamado en materia penal:

Existen disposiciones generales que regulan la suspensión del acto reclamado, como es lo relativo a la finalidad de tal medida: **mantener la materia del juicio de amparo.**

La suspensión en cualquier materia, incluida la penal, tiene esa finalidad. No habría razón para excluirla.

Mantener la materia del juicio de amparo es la razón de ser de la medida cautelar, por ello ese es el principal efecto que se debe cuidar cuando se concede la suspensión en cualquier materia, aun cuando textualmente no se establezca en alguna parte de la Ley.

La Primera Sala de la Suprema Corte de Justicia de la Nación (Tesis registros 2017642 y 2015310) ha establecido que si la suspensión, en general, puede tener efectos restitutorios, no existe razón alguna para que en materia penal, por regla general no los tenga, ya que la Ley de Amparo no establece expresamente que la suspensión en materia penal no pueda restituir derechos.

7. Promoción masiva de amparos contra actos relacionados con la prisión preventiva e intención de obtener la libertad o modificación de la medida cautelar a través de la suspensión del acto reclamado:

Es tangible e indudable que existieron dos cuestiones jurídicas que llevaron a incrementar considerablemente la promoción de juicios de amparo contra cuestiones relativas a la prisión preventiva:

A) La resolución de la Corte Interamericana de Derechos Humanos que declaró la inconvencionalidad de la prisión preventiva oficiosa (Caso Tzompaxtle Tecpile y otros vs. México).

B) La jurisprudencia del Tribunal Pleno Regional en Materia Penal de la Región Centro-Norte, con residencia en la Ciudad de México, registro digital 2026999, Undécima Época, del tenor:

"SUSPENSIÓN PROVISIONAL EN EL JUICIO DE AMPARO RESPECTO DE LA PRISIÓN PREVENTIVA JUSTIFICADA. AL PROVEER SOBRE LA MEDIDA SUSPENSIONAL, EL ÓRGANO DE AMPARO NO DEBE LIMITARSE AL EFECTO PRECISADO EN EL PÁRRAFO SEGUNDO DEL ARTÍCULO 166 DE LA LEY DE AMPARO, SINO QUE DEBE HACER UN ANÁLISIS DE PONDERACIÓN DE LA APARIENCIA DEL BUEN

DERECHO Y EL PELIGRO EN LA DEMORA FRENTE AL INTERÉS SOCIAL Y LA NO CONTRAVENCIÓN DE DISPOSICIONES DE ORDEN PÚBLICO, ANALIZANDO CASO POR CASO, CONFORME A LOS ARTÍCULOS 107, FRACCIÓN X, CONSTITUCIONAL, 138 Y 147 DE LA LEY DE AMPARO.

Hechos: Los Tribunales Colegiados de Circuito contendientes resolvieron en forma divergente al analizar si procede la suspensión provisional para el efecto de poner en libertad al quejoso, respecto de la medida cautelar de prisión preventiva justificada, cuando éste ya se encuentre materialmente detenido por delito que no implica prisión preventiva oficiosa, bajo el análisis de la inconvencionalidad del párrafo segundo del artículo 166 de la Ley de Amparo.

Criterio jurídico: El Pleno Regional en Materia Penal de la Región Centro Norte, con residencia en la Ciudad de México, determina que no obstante ser convencional el párrafo segundo del artículo 166 de la Ley de Amparo, los efectos de la suspensión provisional cuando el quejoso ya se encuentra materialmente detenido por orden de autoridad competente podrá tener efectos restitutorios, es decir, la libertad del quejoso, para lo cual el órgano de amparo, al resolver, deberá atender caso por caso, con apoyo en la herramienta que dan los artículos 107, fracción X, constitucional, 138 y 147 de la Ley de Amparo, bajo la ponderación de la apariencia del buen derecho y el peligro en la demora frente al interés social y la no contravención de disposiciones de orden público.

Justificación: El párrafo segundo del artículo 166 de la Ley de Amparo es convencional, toda vez que no prohíbe de forma tajante la suspensión del acto reclamado con efectos restitutorios, tratándose de la medida cautelar consistente en la prisión preventiva justificada; por tanto, bajo una interpretación conforme del citado artículo, acorde con lo establecido en los artículos 138 y 147 de la propia ley, en relación con el 107, fracción X, constitucional, no debe limitarse al efecto señalado, porque ello no representa ningún beneficio y no protege el derecho humano a la libertad personal. En ese sentido, el Tribunal Pleno de la Suprema Corte de Justicia de la Nación, al resolver la acción de inconstitucionalidad 62/2016 en sesión de 6 de julio de 2017, estableció que hay excepciones al analizar la suspensión de los actos que se impugnan en el amparo, siendo al juzgador de amparo a quien le corresponde analizar cada caso concreto y realizar la determinación relativa atento a la naturaleza del acto, al interés social, a la apariencia del buen derecho y al peligro en la demora, a efecto de determinar si alguna medida cautelar o de protección puede ser suspendida; por lo que el órgano de amparo, basado en dicha interpretación, atenderá al segundo párrafo del artículo 147 de la Ley de Amparo, que dispone que la suspensión puede tener un efecto de tutela anticipada, es decir, de restablecer provisionalmente al quejoso en el goce del derecho violado en tanto se dicta sentencia ejecutoria en el juicio de amparo, siempre y cuando sea jurídica y materialmente posible, y al realizar la ponderación de la apariencia del buen derecho analizará si efectivamente el acto reclamado (prisión preventiva justificada) cumple con los siguientes requisitos: a) que la finalidad de la medida que prive la libertad sea compatible con la Convención Americana sobre Derechos Humanos; b) que la medida adoptada sea idónea para cumplir con el fin perseguido; c) que sea necesaria, en la medida que sean absolutamente indispensables para conseguir el fin legítimo, es decir, que el quejoso no impedirá el desarrollo del procedimiento, ni eludirá la acción de la justicia; d) que resulte estrictamente proporcional; y e) que dicha medida esté lo suficientemente motivada atento a que permita evaluar si se ajusta a todo lo señalado."

8. Efectos que los tribunales han dado a la suspensión cuando se reclaman actos relacionados con la prisión preventiva:

A) Cuando se reclame la imposición de la prisión preventiva oficiosa, bajo la apariencia del buen derecho, que los jueces de control celebren una audiencia en la cual, con vista en el debate que formulen las partes, se resuelva sobre la medida:

El Tribunal Pleno Regional en Materia Penal de la Región Centro-Norte, con Residencia en la Ciudad de México, ha precisado que como se resolvió en la contradicción de tesis 293/2011, del Pleno de la Suprema Corte de Justicia de la Nación, de la que derivaron las jurisprudencias P./J. 20/2014 (10a.) y P./J. 21/2014 (10a.), el bloque de constitucionalidad está conformado tanto por los derechos humanos establecidos en la Constitución Política de los Estados Unidos Mexicanos, como por aquellos que se encuentren inmersos en los tratados internacionales, mismos que fueron incorporados a nuestra Norma Fundamental por mandato del propio artículo 1o., creando así un parámetro de regularidad constitucional amplificado, que los relaciona entre sí, sin distinción jerárquica.

También estableció que, la jurisprudencia emitida por la Corte Interamericana de Derechos Humanos es vinculante para el Estado Mexicano, aun en los casos en donde no sea condenado, bajo la verificación de la existencia de las mismas razones que motivaron el pronunciamiento, por lo que debe armonizarse la jurisprudencia interamericana con la nacional y, de no ser ello posible, aplicar el criterio que resulte más favorable a la protección de los derechos humanos.

Bajo las anteriores consideraciones, precisó que para determinar si resultaba procedente conceder la suspensión provisional con efectos restitutorios cuando el acto reclamado era la imposición de la prisión preventiva oficiosa, la persona juzgadora de amparo no sólo debía limitarse a los efectos establecidos en el artículo 166, fracción I, de la Ley de Amparo, es decir, que el quejoso quedara a disposición de la persona juzgadora de Distrito únicamente en cuanto a su libertad personal y a disposición del Juez de la causa para la continuación del procedimiento, sino que era posible una concesión de tutela anticipada, toda vez que los pronunciamientos hechos por la Corte Interamericana de Derechos Humanos en las sentencias correspondientes a los casos en donde se declaró la inconvencionalidad de la prisión preventiva oficiosa, eran elementos que permitían la actualización de la apariencia del buen derecho, pues ello hacía presumible que había probabilidades jurídicas considerables para que el acto reclamado, en su momento, fuera declarado inconstitucional.

De modo que, indicó, cuando la parte quejosa solicite la suspensión provisional por la imposición de dicha medida cautelar de prisión preventiva oficiosa, ésta debe otorgarse con efectos de tutela anticipada, frente a lo cual, el Juez de la causa, con base en las disposiciones del Código Nacional de Procedimientos Penales, debe convocar a una audiencia dentro de un plazo de cuarenta y ocho horas, en la que prescinda de la prisión preventiva oficiosa reclamada en el juicio de amparo y pueda imponer una diversa, previo contradictorio entre las partes, en el expreso entendido de que la prevalencia del principio pro persona y la interpretación conforme, no implicaban la inobservancia de la jurisprudencia de la Suprema Corte de Justicia de la Nación, la inaplicación de algún precepto constitucional o secundario, desvirtuar la finalidad específica de los mecanismos jurídicos regulados en el orden jurídico nacional, la eliminación de cierta figura procesal, ni en absoluto el cuestionamiento del Texto Constitucional, toda vez que, el pronunciamiento sobre si debería prevalecer la jurisprudencia nacional o la internacional, sería materia de evaluación que deba realizar la persona juzgadora de Distrito en el fondo del asunto, es decir, la tutela anticipada era una medida provisional y no sustituía la sentencia definitiva, por lo que la suspensión debía concederse con efectos restitutorios cuando el acto reclamado fuera la imposición de la medida cautelar de prisión preventiva oficiosa, debido a que las sentencias emitidas por la Corte Interamericana de Derechos Humanos, en los casos Tzompaxtle Tecpile y otros contra México y García Rodríguez y otro contra México (en las que entre otras cuestiones, se condenó al Estado Mexicano y se declaró la inconvencionalidad de dicha medida cautelar) son vinculantes y, por tanto, acreditan la apariencia del buen derecho, el peligro en la demora y la no afectación al orden público.

De conformidad con el Acuerdo General 67/2022 del Pleno del Consejo de la Judicatura Federal, que reglamenta la competencia, integración, organización y funcionamiento de los Plenos Regionales, publicado el trece de enero de dos mil veintitrés, el Pleno en Materia Penal de la Región Centro Norte, comprende los siguientes Circuitos: Primero, Segundo, Cuarto, Quinto, Octavo, Noveno, Décimo Segundo, Décimo Quinto, Décimo Sexto, Décimo Séptimo, Décimo Noveno, Vigésimo Segundo, Vigésimo Tercero, Vigésimo Cuarto, Vigésimo Quinto, Vigésimo Sexto, Vigésimo Octavo y Trigésimo.

Tal criterio es vinculante para los Tribunales que se encuentran en los Circuitos mencionados, no así para los que se localizan fuera de la jurisdicción del referido Tribunal.

La inquietud sobre el tema de la suspensión es que existen Tribunales Federales fuera de la jurisdicción del Tribunal Pleno Regional que hasta ahora consideran que no es posible realizar el examen de la prisión preventiva oficiosa a la luz del principio de mayor beneficio, o cualquier otro que lleve a sobreponer lo resuelto por la Corte Interamericana de Derechos Humanos a la jurisprudencia vigente de la Suprema Corte de Justicia de la Nación y las restricciones constitucionales; de manera que, no conciben la apariencia del buen derecho porque de antemano, tienen presente que, por criterio público del Tribunal, al resolver en definitiva, de fondo, al menos por esa cuestión, negarían el amparo; de suerte que no se cumple con la máxima relativa a que según un cálculo de probabilidades, es posible anticipar que en la sentencia de amparo se declarará la inconstitucionalidad del acto reclamado. No obstante, tal criterio es obligatorio en este momento para los Circuitos judiciales mencionados.

B) Cuando se reclame la imposición de la <u>prisión preventiva oficiosa, no se colma la apariencia del buen derecho</u>, por lo cual, los efectos de la suspensión debían ser los que derivan de los artículos 163 y 166 de la Ley de Amparo:

Existen Tribunales Federales que sostienen una postura antagónica a los efectos de la suspensión que se establecieron en el inciso A, pues consideran que:

I. La resolución de la Corte Interamericana de Derechos Humanos que declaró la inconvencionalidad de la prisión preventiva oficiosa (Caso Tzompaxtle Tecpile y otros vs. México), condenó al Estado Mexicano a:

a) Revisar la pertinencia de mantener las medidas cautelares.

b) Adecuar su ordenamiento jurídico interno sobre prisión preventiva oficiosa.

Sin embargo, no reformó la Constitución Federal, concretamente el artículo 19; tampoco reformó el artículo 167 del Código Nacional de Procedimientos Penales. Lo que además, de haberlo hecho, hubiera estado fuera de todo contexto, porque ello es una cuestión que debe realizarse en sede doméstica.

II. En México, el Poder a quien corresponde realizar la adecuación normativa es al Poder Legislativo; y, al menos hasta esta data no ha reformado la Constitución Federal, ni el Código Nacional de Procedimientos Penales en el tema. De manera que, formal y materialmente tienen vigencia.

III. Al resolver la Contradicción de Tesis 293/2011, el Pleno de la Suprema Corte de Justicia de la Nación reconoció la existencia del denominado bloque de constitucionalidad; y, se especificó que el parámetro de regularidad normativa se compone de disposiciones nacionales –esencialmente por la Constitución Federal– y se complementa con disposiciones de otra clase.

En esa resolución también se explicó que, las normas internacionales completan y expanden el abanico de prerrogativas y garantías que se contemplen en sede doméstica; y, se determinó establecer que, cuando exista una restricción expresa al ejercicio de los derechos humanos, en el texto constitucional, se debería estar a lo que indica esta última[22].

---

[22] Tesis registro digital: 2006224, sustentada por el Pleno de la Suprema Corte de Justicia de la Nación, Décima Época, Materias(s): Constitucional, visible en la Gaceta del Semanario Judicial de la Federación. Libro 5, Abril de 2014, Tomo I, página 202, del rubro y texto:
"DERECHOS HUMANOS CONTENIDOS EN LA CONSTITUCIÓN Y EN LOS TRATADOS INTERNACIONALES. CONSTITUYEN EL PARÁMETRO DE CONTROL DE REGULARIDAD CONSTITUCIONAL, PERO CUANDO EN LA CONSTITUCIÓN HAYA UNA RESTRICCIÓN EXPRESA AL EJERCICIO DE AQUÉLLOS, SE DEBE ESTAR A LO QUE ESTABLECE EL TEXTO CONSTITUCIONAL. El

IV. El artículo 217 de la Ley de Amparo prevé que la jurisprudencia que establezca la Suprema Corte de Justicia de la Nación será obligatoria para todas las autoridades jurisdiccionales de la Federación y de las entidades federativas, con excepción del propio Tribunal Constitucional.

V. Mientras un criterio emitido por el Alto Tribunal Nacional no sea abandonado por la propia Corte, éste permanece vigente y continúa siendo obligatorio para todas las autoridades jurisdiccionales del país[23].

---

primer párrafo del artículo 1o. constitucional reconoce un conjunto de derechos humanos cuyas fuentes son la Constitución y los tratados internacionales de los cuales el Estado Mexicano sea parte. De la interpretación literal, sistemática y originalista del contenido de las reformas constitucionales de seis y diez de junio de dos mil once, se desprende que las normas de derechos humanos, independientemente de su fuente, no se relacionan en términos jerárquicos, entendiendo que, derivado de la parte final del primer párrafo del citado artículo 1o., cuando en la Constitución haya una restricción expresa al ejercicio de los derechos humanos, se deberá estar a lo que indica la norma constitucional, ya que el principio que le brinda supremacía comporta el encubrimiento de la Constitución como norma fundamental del orden jurídico mexicano, lo que a su vez implica que el resto de las normas jurídicas deben ser acordes con la misma, tanto en un sentido formal como material, circunstancia que no ha cambiado; lo que sí ha evolucionado a raíz de las reformas constitucionales en comento es la configuración del conjunto de normas jurídicas respecto de las cuales puede predicarse dicha supremacía en el orden jurídico mexicano. Esta transformación se explica por la ampliación del catálogo de derechos humanos previsto dentro de la Constitución Política de los Estados Unidos Mexicanos, el cual evidentemente puede calificarse como parte del conjunto normativo que goza de esta supremacía constitucional. En este sentido, los derechos humanos, en su conjunto, constituyen el parámetro de control de regularidad constitucional, conforme al cual debe analizarse la validez de las normas y actos que forman parte del orden jurídico mexicano."

[23] Tesis registro digital: 2024159, sustentada por el Pleno de la Suprema Corte de Justicia de la Nación, Undécima Época, Materias(s): Común, consultable en la Gaceta del Semanario Judicial de la Federación. Libro 10, Febrero de 2022, Tomo I, página 7, del tenor:

"CONTROL DE REGULARIDAD CONSTITUCIONAL. CONTENIDO Y ALCANCE DEL DEBER DE LOS ÓRGANOS JURISDICCIONALES DEL PODER JUDICIAL DE LA FEDERACIÓN DE REALIZARLO AL CONOCER JUICIOS DE AMPARO DIRECTO E INDIRECTO [ABANDONO DE LAS TESIS AISLADAS P. IX/2015 (10a.) Y P. X/2015 (10a.)].

Hechos: Diversos Tribunales Colegiados de Circuito discreparon en torno al alcance del control de regularidad constitucional ex officio en el juicio de amparo, respecto a si debe limitarse a las leyes procesales que rigen el juicio de amparo (Ley de Amparo, Ley Orgánica del Poder Judicial de la Federación y Código Federal de Procedimientos Civiles) o debe incluir, también, las normas procesales y sustantivas aplicadas en el acto reclamado.

Criterio jurídico: Los órganos jurisdiccionales del Poder Judicial de la Federación cuando actúan en amparo directo e indirecto deben realizar control de regularidad constitucional ex officio, tanto respecto de las disposiciones procesales que regulan el juicio de amparo, como sobre las normas sustantivas y procesales que se aplicaron en el acto reclamado.

Justificación: Conforme a lo dispuesto en los artículos 1o., 103 y 133 de la Constitución General, así como a lo resuelto por el Tribunal Pleno de la Suprema Corte de Justicia de la Nación al resolver el expediente varios 912/2010, el control de regularidad constitucional debe realizarse por los Juzgados de Distrito y los Tribunales Colegiados de Circuito, en el ámbito de sus competencias y procedimientos. Así, de una nueva reflexión, este Tribunal Pleno considera necesario abandonar el criterio reflejado en las tesis aisladas P. IX/2015 (10a.) y P. X/2015 (10a.), de títulos y subtítulos: "CONTROL DE REGULARIDAD CONSTITUCIONAL EX OFFICIO. LOS TRIBUNALES COLEGIADOS DE CIRCUITO DEBEN EJERCERLO SÓLO EN EL ÁMBITO DE SU COMPETENCIA." y "CONTROL DE REGULARIDAD CONSTITUCIONAL EX OFFICIO. LOS TRIBUNALES COLEGIADOS DE CIRCUITO NO ESTÁN FACULTADOS PARA EJERCERLO RESPECTO DE NORMAS QUE RIGEN EL JUICIO DE ORIGEN.", porque dichos órganos jurisdiccionales, para dar cumplimiento al

VI. El Alto Tribunal Nacional ha precisado que no es posible determinar que la jurisprudencia del Máximo Tribunal del país pueda ser objeto de la decisión de un órgano de menor grado que tienda a inaplicarla, como resultado del ejercicio de control de convencionalidad porque permitirlo daría como resultado que perdiera su carácter de obligatoria, ocasionando falta de certeza y seguridad jurídica[24].

Al resolver el Amparo Directo en Revisión 583/2015, la Segunda Sala de la Suprema Corte de Justicia de la Nación estableció que las restricciones no impiden una interpretación armónica, sustentada en el principio pro persona (que implica atender a lo más favorable para el gobernado). Sin embargo, estableció dos limitaciones para ello:

---

mandato constitucional de proteger, respetar y prevenir violaciones a los derechos humanos previsto en el artículo 1o. constitucional, deben realizar control ex officio tanto sobre las disposiciones procesales que regulan el juicio de amparo, directo e indirecto (Ley de Amparo, Ley Orgánica del Poder Judicial de la Federación y Código Federal de Procedimientos Civiles, supletorio de la Ley de Amparo), como sobre cualesquiera disposiciones aplicadas en los actos reclamados cuya constitucionalidad revisan en el juicio constitucional. Lo anterior, porque se estima que el ejercicio de ese control es necesario para proteger los derechos humanos reconocidos constitucionalmente; es compatible con razones de seguridad jurídica porque no interfiere con el funcionamiento de instituciones como la preclusión o la cosa juzgada; y armoniza con el funcionamiento del sistema, ya que respeta el régimen federal y la distribución de competencias entre los órganos jurisdiccionales; en el entendido de que el resultado de ese control se limita a la inaplicación de normas generales en el acto concreto de aplicación sin generar efectos futuros y de que, cuando ese control lo realice el Tribunal Colegiado de Circuito, tanto en amparo directo como indirecto en revisión, con fundamento en los artículos 64, párrafo segundo, y 73, párrafo segundo, de la Ley de Amparo, aplicables por identidad de razón, y con la finalidad de permitir a las partes conocer la realización del control de regularidad constitucional ex officio, éste deberá publicar previamente el proyecto de sentencia y dar vista a las partes, para que tengan la oportunidad de exponer lo que a su derecho convenga."

[24] Tesis registro digital: 2008148, sustentada por el Pleno de la Suprema Corte de Justicia de la Nación, Décima Época, Materias(s): Común, consultable en la Gaceta del Semanario Judicial de la Federación. Libro 13, Diciembre de 2014, Tomo I, página 8, del rubro y texto:

"JURISPRUDENCIA DE LA SUPREMA CORTE DE JUSTICIA DE LA NACIÓN. NO ES SUSCEPTIBLE DE SOMETERSE A CONTROL DE CONSTITUCIONALIDAD Y/O CONVENCIONALIDAD EX OFFICIO POR ÓRGANOS JURISDICCIONALES DE MENOR JERARQUÍA. La obligación de las autoridades jurisdiccionales contenida en los artículos 1o. y 133 de la Constitución Política de los Estados Unidos Mexicanos, de realizar un control de constitucionalidad y/o convencionalidad ex officio en materia de derechos humanos y dar preferencia a los contenidos en la propia Ley Suprema y en los tratados internacionales, aun a pesar de las disposiciones en contrario contenidas en cualquier norma inferior, no contempla a la jurisprudencia emitida por la Suprema Corte de Justicia de la Nación, porque el artículo 94 constitucional establece que será obligatoria para todos los órganos jurisdiccionales de conformidad con lo que disponga la ley y, en este caso, la Ley de Amparo así lo indica tanto en la abrogada como en el artículo 217 de la vigente; de ahí que no privan las mismas razones que se toman en cuenta para inaplicar una disposición emitida por el legislador cuando viola derechos humanos de fuente constitucional o convencional. Cabe precisar que en los casos en los que se pudiera advertir que una jurisprudencia del Alto Tribunal desatiende o contradice un derecho humano, cualquiera que sea su origen, existen los medios legales para que se subsane ese aspecto. En conclusión, aun partiendo del nuevo modelo de interpretación constitucional, no es posible determinar que la jurisprudencia del Máximo Tribunal del país pueda ser objeto de la decisión de un órgano de menor grado que tienda a inaplicarla, como resultado del ejercicio de control de convencionalidad ex officio, porque permitirlo daría como resultado que perdiera su carácter de obligatoria, ocasionando falta de certeza y seguridad jurídica."

a) Ese ejercicio quedó reservado a la Suprema Corte de Justicia de la Nación.

b) La interpretación más favorable podría resultar viable, siempre y cuando, no se vacíe el contenido de la disposición restrictiva, como producto de una interpretación sistemática de todos sus postulados.

De lo anterior, los Tribunales Federales han colegido que:

a) En México, para bien o para mal, existe la prisión preventiva oficiosa.

b) No se tiene certeza sobre si en México, las autoridades judiciales deben aplicar o no la prisión preventiva oficiosa.

c) No se tiene certeza sobre si debe inaplicarse la porción normativa del artículo 19 de la Constitución Federal que prevé la prisión preventiva oficiosa.

d) No se tiene certeza exacta sobre si la prisión preventiva oficiosa es una de las denominadas restricciones constitucionales al goce y ejercicio de los derechos y libertades que deben imperar sobre lo que pudiera haber determinado la Corte Interamericana de Derechos Humanos.

e) Existe incertidumbre sobre si se atiende la resolución de la Corte Interamericana de Derechos Humanos que declaró la inconvencionalidad de la prisión preventiva oficiosa o se atiende la jurisprudencia de la Suprema Corte de Justicia de la Nación que indica que ante restricciones constitucionales debe estarse a ésta, como pudiera ser la prisión preventiva oficiosa.

Todos estos aspectos que involucra una determinación en la que se resolverá el tema de la prisión preventiva oficiosa y otros, se ha determinado que sólo pueden ser atendidos plenamente en la sentencia definitiva.

Así, se ha concluido que respecto a la suspensión provisional en el tema de prisión preventiva oficiosa con efectos restitutorios en relación a si pueden ir más allá de lo que establecen los artículos 163 y 166 de la Ley de Amparo, se ha determinado que no puede hablarse de que exista un anticipo de que cuando se resuelva en definitiva el juicio de amparo, el acto será inconstitucional por inconvencional porque la Corte Interamericana de Derechos Humanos declaró la inconvencionalidad de la prisión preventiva oficiosa, para que sólo así pudiera actualizarse la apariencia del buen derecho y concederse la suspensión con efectos restitutorios.

Se ha afirmado que existe un choque de normas o determinaciones, pues mientras la Constitución Federal y el Código Adjetivo prevén que es de aplicarse la prisión preventiva oficiosa en cierto delitos, además está vigente jurisprudencia que establece que las restricciones constitucionales deben imperar, la Corte Interamericana expone que ello contraviene la Convención Interamericana sobre Derechos Humanos, así como que deben adecuarse las normas Mexicanas en el tema.

Entonces, si la apariencia del buen derecho implica que según un cálculo de probabilidades, es posible anticipar que en la sentencia de amparo se declarará la inconstitucionalidad del acto reclamado, pero se tienen todas las incertidumbres destacadas, no puede hablarse de que exista una apariencia del Buen Derecho a favor de quien sufre una prisión preventiva oficiosa; a reserva de lo que se resuelva en definitiva.

Así, algunos Tribunales Federales sostienen que no se cumple con la exigencia para la procedencia de la suspensión en forma restitutiva; y, por ello, la suspensión en esos casos la otorgan en términos de los artículos 163 y 166 de la Ley de Amparo.

C) Cuando se reclame la imposición de la prisión preventiva justificada, se cumple con la apariencia del Buen Derecho y a la suspensión pueden darse efectos restitutorios:

El Tribunal Pleno Regional en Materia Penal de la Región Centro-Norte, con Residencia en la Ciudad de México[25], ha establecido que el párrafo segundo del artículo 166 de la Ley de Amparo es convencional, toda vez que no prohíbe de forma tajante la suspensión del acto reclamado con efectos restitutorios, tratándose de la medida cautelar consistente en la prisión preventiva justificada; por tanto, bajo una

---

[25] Tesis registro 2026999

interpretación conforme del citado artículo, acorde con lo establecido en los artículos 138 y 147 de la propia ley, en relación con el 107, fracción X, Constitucional, la suspensión no debe limitarse al efecto señalado, porque ello no representa algún beneficio y no protege el derecho humano a la libertad personal.

Destacó que el Tribunal Pleno de la Suprema Corte de Justicia de la Nación, al resolver la acción de inconstitucionalidad 62/2016 en sesión de 6 de julio de 2017, estableció que hay excepciones al analizar la suspensión de los actos que se impugnan en el amparo, siendo al juzgador de amparo a quien le corresponde analizar cada caso concreto y realizar la determinación relativa atento a la naturaleza del acto, al interés social, a la apariencia del buen derecho y al peligro en la demora, a efecto de determinar si alguna medida cautelar o de protección puede ser suspendida; por lo que señaló, el órgano de amparo, basado en dicha interpretación, debe atender al segundo párrafo del artículo 147 de la Ley de Amparo, que dispone que la suspensión puede tener un efecto de tutela anticipada, es decir, de restablecer provisionalmente al quejoso en el goce del derecho violado en tanto se dicta sentencia ejecutoria en el juicio de amparo, siempre y cuando sea jurídica y materialmente posible, y al realizar la ponderación de la apariencia del buen derecho se determine que efectivamente el acto reclamado (prisión preventiva justificada) **cumple con los siguientes requisitos: a) que la finalidad de la medida que prive la libertad sea compatible con la Convención Americana sobre Derechos Humanos; b) que la medida adoptada sea idónea para cumplir con el fin perseguido; c) que sea necesaria, en la medida que sean absolutamente indispensables para conseguir el fin legítimo, es decir, que el quejoso no impedirá el desarrollo del procedimiento, ni eludirá la acción de la justicia; d) que resulte estrictamente proporcional; y e) que dicha medida esté lo suficientemente motivada atento a que permita evaluar si se ajusta a todo lo señalado.**

De conformidad con el Acuerdo General 67/2022 del Pleno del Consejo de la Judicatura Federal, que reglamenta la competencia, integración, organización y funcionamiento de los Plenos Regionales, publicado el trece de enero de dos mil veintitrés, el Pleno en Materia Penal de la Región Centro Norte, comprende los siguientes Circuitos: Primero, Segundo, Cuarto, Quinto, Octavo, Noveno, Décimo Segundo, Décimo Quinto, Décimo Sexto, Décimo Séptimo, Décimo Noveno, Vigésimo

Segundo, Vigésimo Tercero, Vigésimo Cuarto, Vigésimo Quinto, Vigésimo Sexto, Vigésimo Octavo y Trigésimo.

Por tanto, como se adelantaba, tal criterio es vinculante para los Tribunales que se encuentran en los Circuitos mencionados, no así para los que se localizan fuera de la jurisdicción del citado Tribunal.

D) Cuando se reclame la imposición de la prisión preventiva justificada, la suspensión debe concederse exclusivamente para los efectos que establecen los artículos 163 y 166 de la Ley de Amparo:

El Tercer Tribunal Colegiado del Vigésimo Séptimo Circuito, que no está dentro de la circunscripción del Tribunal Pleno Regional en Materia Penal de la Región Centro-Norte, con Residencia en la Ciudad de México, al resolver el Incidente de suspensión (revisión) 562/2017[26], precisó que las solicitudes de medidas cautelares, según lo dispone el artículo 16, párrafo décimo cuarto, de la Constitución Política de los Estados Unidos Mexicanos, deben ser resueltas por un Juez de Control en forma inmediata y por cualquier medio, garantizando los derechos de los indiciados y de las víctimas u ofendidos.

De forma que, para su emisión, ya existió un escrutinio judicial por el Juez de Control, cuya función es vigilar que las actuaciones de investigación se realicen sin infringir los derechos fundamentales de los implicados en la controversia penal.

Por tanto, si el quejoso, con el objeto de que se le pusiera en libertad, solicitó la suspensión definitiva con efectos restitutorios contra la imposición de la medida cautelar de prisión preventiva justificada porque, a su juicio, se trata de un caso excepcional por presentar un "trastorno mental" que le impide permanecer privado de su libertad, es improcedente concederla contra dicha orden coactiva con los efectos solicitados, porque ello implicaría atentar contra la finalidad propia de esta medida cautelar del juicio de amparo, la cual consiste en mantener las cosas en el estado que guardan al momento de decretarla y no puede tener efectos restitutorios de derechos, en virtud de que ello es materia exclusiva de la sentencia de fondo, cuando en el caso proceda la protección constitucional; por lo que, en todo caso, acorde con los

---

[26] Tesis registro 2019121

artículos 163 y 166 de la Ley de Amparo, la suspensión debe concederse para el único efecto de que el quejoso quede a disposición del Juez de Distrito, en lo que se refiere a su libertad personal y a disposición del Juez responsable, por cuanto al procedimiento penal concierne.

E) Cuando se reclame la resolución que negó modificar o sustituir la prisión preventiva justificada, a la suspensión pueden darse efectos diversos a los que señala el artículo 163 de la Ley de Amparo:

El Segundo Tribunal Colegiado del Vigésimo Cuarto Circuito[27], al conocer de distintos casos en los cuales se solicitó al Juez de Control la modificación de la prisión preventiva justificada que se le impuso como resultado de la vinculación a proceso y éste negó tal petición, al estimar que no habían variado las condiciones objetivas que condujeron a su imposición, determinó sustancialmente que la negativa a modificar o sustituir la prisión preventiva justificada, es inconvencional, al restringir de manera desproporcionada el derecho humano a la tutela cautelar, inmerso en los artículos 17 y 107, fracción X, de la Constitución General de la República y 25 de la Convención Americana sobre Derechos Humanos.

Expuso que si el artículo 163 de la Ley de Amparo constriñe al Juez de Distrito a establecer como único efecto de la suspensión, en todos los casos que afecten la libertad personal dentro de un procedimiento del orden penal (distintos de los previstos en los artículos 164 a 166): *"que el quejoso quede a disposición de dicho juzgador sólo en lo que se refiere a la libertad personal, pero a disposición de la autoridad que deba juzgarlo para la continuación del procedimiento"*.

A juicio de ese Tribunal, esa norma limita innecesaria y desproporcionadamente la facultad del Juez para acudir a otro parámetro con el objeto de establecer, fundada y motivadamente, si el acto reclamado, a pesar de que incida en la libertad personal del quejoso, pudiere resultar inconstitucional desde la apariencia del buen derecho y el peligro en la demora; por lo mismo, si con base en ello es necesario otorgar diversos efectos a la suspensión, con el objeto de salvaguardar ese derecho humano de primer rango con un espectro más amplio al

---

[27] Jurisprudencia registro 2027278.

previsto, de manera acotada y taxativa, en la invocada disposición de la ley reglamentaria.

Lo anterior, porque desde la concepción y el origen normativo del artículo 163 en estudio, se vedó la posibilidad de que el Juez de amparo, de manera fundada y motivada, pudiera fijar la situación en la que habrían de quedar las cosas y adoptara las medidas que estimara pertinentes para conservar la materia del juicio hasta su terminación, como también para evitar daños de difícil o de imposible reparación al quejoso privado de la libertad personal, como por ejemplo lo autoriza el artículo 147 de la propia ley.

Esto, aun cuando alguna de esas otras alternativas pudiera resultar conducente para proteger de mejor forma el derecho humano objeto de la litis constitucional, así como para garantizar la continuidad del procedimiento penal de origen, sin vulnerar de manera innecesaria la libertad del quejoso privado de aquélla dentro del mismo.

Ello, se estimó inconstitucional e inconvencional, porque la limitante normativa de que se trata, desde su origen, buscó constreñir al juzgador federal —de antemano— para que al decretar la suspensión la estableciera siempre con efectos acotados y no pudiera dirimir, en principio, la existencia de otra solución jurídica que protegiera de mejor forma la libertad personal, sin demérito de la marcha normal y los fines del procedimiento penal de origen.

Precisó que, sin dejar de lado la finalidad constitucionalmente válida del legislador —en cuanto a que debería otorgarse certeza y seguridad jurídica a las personas para evitar la multiplicidad y disparidad de criterios de los juzgadores de amparo al decretar la suspensión de ciertos actos "en materia penal"—, lo cierto era que ello era desproporcionado para lograr ese fin, pues lo que mayormente debería buscarse a través de la medida cautelar de la suspensión es afectar lo menos posible a la libertad personal del quejoso, conforme al artículo 7 de la Convención Americana sobre Derechos Humanos y a la jurisprudencia de la Corte Interamericana de Derechos Humanos, pues aquélla es un derecho fundamental cuya restricción en un Estado democrático debe erigirse como la excepción.

De ahí que puntualizó, la limitante legislativa inmersa en el artículo 163 de la Ley de Amparo, en cuanto a los efectos que prevé para la suspensión contra actos que afecten la libertad personal, debe inaplicarse por ser desproporcionada para alcanzar el objetivo que buscó el legislador cuando emitió esa norma; por tanto, debería atenderse a las reglas generales previstas en los artículos 127, 128, 147 y demás aplicables de la ley de la materia.

Sobre este particular también es pertinente mencionar que el Cuarto Tribunal Colegiado en Materia Penal del Segundo Circuito, ha determinado que procede conceder la suspensión provisional con efectos de tutela anticipada en el juicio de amparo indirecto promovido contra la imposición de diversas medidas cautelares al imputado, en sustitución de la de prisión preventiva justificada, si el cumplimiento de aquéllas es condicionante para su excarcelamiento, porque a pesar de haber quedado insubsistente la medida de prisión preventiva, continúa privado de la libertad hasta que por ejemplo le sea colocado el localizador electrónico y exhiba la garantía económica, siempre que sea posible jurídica y materialmente, en términos de los artículos 163 y 166 de la Ley de Amparo, lo que se traduce en ordenar su libertad personal con fijación de algunas medidas de aseguramiento (Tesis registro digital 2026731).

Entonces, en este último caso se determinó que la suspensión provisional debe concederse para los siguientes efectos:

a) En cuanto a su libertad personal, el quejoso quede a disposición del Juez de amparo, pero del juez de la causa para la continuación del procedimiento, y

b) Se ordene su inmediata libertad únicamente respecto de los hechos relacionados con la causa de control de origen y, ante ello, se impongan las medidas de aseguramiento necesarias, en términos de los artículos 167 y 168 de la Ley de Amparo.

F) Cuando se reclame la resolución que negó modificar o sustituir la prisión preventiva justificada, a la suspensión no pueden darse efectos diversos a los que señala el artículo 163 de la Ley de Amparo:

Existen Tribunales Federales que sostienen, como en el caso expuesto en el referido inciso D, que las solicitudes de modificación o sustitución de medidas cautelares se resolverán por un Juez de Control en audiencia de debate.

Por ello, para su emisión, ya existió un escrutinio judicial por el Juez de Control conforme al debate realizado, los datos de prueba y medios de prueba allegados.

Por tanto, si el quejoso, con el objeto de que se le ponga en libertad, solicita la suspensión definitiva con efectos restitutorios contra la negativa a modificar o sustituir la prisión preventiva justificada, es improcedente concederla contra dicha determinación con los efectos solicitados, porque ello implicaría atentar contra la finalidad propia de esta medida cautelar del juicio amparo, la cual consiste en mantener las cosas en el estado que guardan al momento de decretarla y no puede tener efectos restitutorios de derechos, en virtud de que ello es materia exclusiva de la sentencia de fondo, cuando en el caso proceda la protección constitucional, por lo que, en todo caso, acorde con los artículos 163 y 166 de la Ley de Amparo, la suspensión debe concederse para el único efecto de que el quejoso quede a disposición del Juez de Distrito, en lo que se refiere a su libertad personal y a disposición del Juez responsable, por cuanto al procedimiento penal concierne.

Esto es, en tales hipótesis no debe negarse la suspensión solicitada, sino que procede conceder la suspensión provisional en términos de los artículos 163 y 166 de la Ley de Amparo, al tratarse de un acto privativo de la libertad (Tesis 2022812 del Noveno Tribunal Colegiado en Materia Penal del Primer Circuito).

G) Suspensión provisional del acto reclamado consistente en la retención por más de dos años en prisión preventiva:

Los efectos de la suspensión provisional contra la duración de la prisión oficiosa por más de dos años y contra la determinación en el sentido de que es improcedente el cese de la prisión preventiva oficiosa por no haber variado las condiciones que motivaron su imposición, debe ser conforme al artículo 166, fracción I, de la Ley de Amparo. Ello, porque al resolver la solicitud correspondiente el Juez de Amparo únicamente cuenta con los antecedentes narrados en la demanda de amparo, se adolece de datos exactos como el tiempo que ha permanecido en prisión preventiva, las condiciones que sirvieron para la imposición de la medida, si han variado o no, la complejidad del asunto, la actividad procesal del interesado o la conducta de las autoridades. No hay base para conceder una tutela anticipada (Tesis 2027039 del Cuarto Tribunal Colegiado en Materia Penal del Segundo Circuito y 2026438 del Tercer Tribunal Colegiado en Materia Penal del Tercer Circuito).

No obstante, para algunos Tribunales el efecto ha sido que al quejoso se le ponga en inmediata libertad, única y exclusivamente por lo que respecta al ilícito de que trate dicha medida cautelar, siempre que no se haya prorrogado o sustituido la prisión preventiva; lo anterior, hasta en tanto se notifique a la autoridad responsable la resolución que se pronuncie sobre la suspensión definitiva (Tesis 2019521 del Primer Tribunal Colegiado en Materias Penal y Administrativa del Décimo Séptimo Circuito).

H) Efectos de la suspensión contra órdenes de aprehensión:

a) Si el acto reclamado se hizo consistir en una orden de aprehensión y de la demanda de amparo no se advierten mayores datos respecto al delito por el que fue dictada, ni bajo qué sistema penal (tradicional o acusatorio adversarial) se inició el proceso de la que deriva, es legal que el juzgador de amparo, en beneficio de la parte quejosa, conceda y, por consiguiente, establezca los efectos de la medida cautelar bajo esos dos sistemas. Esto es, refiriéndose a delitos graves o no graves, lo cual depende de si el procedimiento se inició bajo la vigencia del sistema inquisitivo; o bien, de aquellos que prevén prisión preventiva oficiosa conforme al numeral 19 de la Constitución Federal, si la orden de aprehensión fue emitida bajo el sistema de justicia penal acusatorio (Tesis 2013844 del Noveno Tribunal Colegiado en Materia Penal del Primer Circuito).

b) Cuando se reclama una orden de aprehensión si el quejoso se encuentra en libertad, la concesión de la medida cautelar citada debe ser conforme a la fracción II del artículo 166 de la Ley de Amparo, es decir, para el efecto de que el quejoso no sea privado de su libertad con motivo del mandamiento de captura y quede a disposición del Juez federal en cuanto a su libertad personal y a disposición de la autoridad jurisdiccional para la continuación del procedimiento, hasta en tanto se notifique a las autoridades responsables la revocación de esta suspensión, o bien, la ejecutoria dictada en el cuaderno principal (Tesis 2017716 del Séptimo Tribunal Colegiado en Materia Penal del Primer Circuito).

c) Durante la vigencia de los efectos de la suspensión provisional o definitiva otorgada respecto de órdenes de aprehensión y/o reaprehensión por delitos que no ameriten prisión preventiva oficiosa conforme al artículo 19 de la Constitución Federal, no puede ejecutarse alguna medida cautelar privativa de la libertad que se le pudiese decretar al quejoso en el proceso penal, como es la prisión preventiva justificada (Tesis 2026089 del Primer Tribunal Colegiado en Materia Penal del Primer Circuito).

d) En el amparo promovido contra la orden de aprehensión por delitos calificados como graves en la ley procesal local, que **no ameritan prisión preventiva oficiosa** conforme al artículo 19, párrafo segundo, de la constitución federal, procede conceder la suspensión en términos del artículo 166, fracción II, de la ley de Amparo, esto es, para que las cosas se mantengan en el estado en que se encuentran y el quejoso no sea detenido, bajo las medidas de aseguramiento necesarias para evitar que se sustraiga de la acción de la justicia y se continúe con el proceso penal de origen (Tesis 2021594 del Tribunal Colegiado en Materias Penal y Administrativa del Vigésimo Segundo Circuito).

e) Durante la vigencia de los efectos de la suspensión provisional o definitiva otorgada respecto de órdenes de aprehensión y/o reaprehensión por delitos que no ameriten prisión preventiva oficiosa, no puede ejecutarse alguna medida cautelar privativa de la libertad que se le pudiese decretar al quejoso en el proceso penal, como lo es la prisión preventiva justificada, pues la libertad de la persona está a disposición del Juez de Distrito y no del Juez del proceso (Tesis 2026089 del Primer Tribunal Colegiado en Materia Penal del Primer Circuito y tesis 2019053 del Tercer Tribunal Colegiado del Vigésimo Séptimo Circuito).

f) La suspensión contra una orden de aprehensión por delito que no amerita prisión preventiva oficiosa estando el quejoso materialmente privado de su libertad, en virtud de que en un diverso proceso penal se le impuso la medida cautelar de prisión preventiva, debe concederse en términos del artículo 166, fracción I, de la ley de amparo; esto es, la suspensión sólo producirá el efecto de que de ejecutarse el mandamiento de captura, el quejoso quede a disposición del órgano jurisdiccional de amparo en el lugar que éste señale, únicamente en lo que se refiera a su libertad, quedando a disposición de la autoridad a la que corresponda conocer el procedimiento penal para los efectos de su continuación (Tesis 2016122 y 2016123 del Primer Tribunal Colegiado en Materia Penal del Primer Circuito).

g) El Tercer Tribunal Colegiado del Trigésimo Circuito, ha determinado que el artículo 166, fracción I, de la Ley de Amparo establece que cuando se trate de: a) orden de aprehensión/reaprehensión o, b) medida cautelar que implique privación de la libertad, dictadas por autoridad competente, en ambos supuestos tratándose de los delitos de prisión preventiva oficiosa a que se refiere el artículo 19 constitucional, la suspensión sólo producirá el efecto de que el quejoso quede a disposición del órgano jurisdiccional de amparo en el lugar que éste señale únicamente en lo que se refiera a su libertad, quedando a disposición de la autoridad a la que corresponda conocer el procedimiento penal para los efectos de su continuación. Así, determinó que es errado considerar que los efectos de la concesión de la suspensión deben ser para el efecto de que el quejoso no sea detenido bajo ningún supuesto, pues al tratarse de una orden de aprehensión, su pronunciamiento en torno a la eficacia de la medida debe efectuarse conforme a las reglas especiales previstas en el artículo 166, fracción I de la Ley de Amparo. Sin que sea obstáculo para arribar a conclusión diversa, la pretensión de inconvencionalidad propuesta en torno a este precepto, pues el planteamiento se sustenta en que la Corte Interamericana de Derechos Humanos ha estimado que la prisión preventiva oficiosa resulta contraria a la Convención Americana sobre Derechos Humanos, siendo que en el caso el acto reclamado no es el dictado de dicha medida cautelar, sino de una orden de aprehensión y tampoco podrían analogarse ambas figuras para los fines del análisis de legalidad planteado, pues difieren del estatus del procedimiento penal en el que se ubican, esto es, la orden de aprehensión, para iniciarlo, pues conforme al artículo 141, fracción III, del Código Nacional de Procedimientos Penales, es una forma de conducción excepcional al proceso penal, mientras que la medida cautelar prevista en el artículo 155 del propio código, para continuarlo, en cuanto es impuesta mediante resolución judicial por el tiempo indispensable para asegurar la presencia del imputado en el procedimiento, garantizar la seguridad de la víctima u ofendido o del testigo, o evitar la obstaculización del procedimiento. En suma, considera que es desacertado estimar que "el punto máximo de eficacia de la suspensión en materia penal, será la no detención del quejoso", ya que esto riñe con lo resuelto por la propia Corte Interamericana de Derechos Humanos, en cuanto se imposibilitaría cumplir con el fin que subyace en lo resuelto por dicho tribunal internacional y que se traduce en que "los Jueces de Control efectúen un análisis de la necesidad de la cautela frente a las circunstancias particulares del caso." (Tesis 2027335).

h) Cuando se reclama en un juicio de amparo la orden de aprehensión por delito que no amerita prisión preventiva oficiosa, si el juez de distrito advierte que el quejoso tiene la posibilidad económica para salir del país, que desacató una citación judicial y no se localizó el domicilio que aportó, es legal que al conceder la suspensión definitiva fije como medida cautelar la entrega de su pasaporte para su resguardo, a fin de evitar que se evada de la acción de la justicia y se presente al proceso que se le sigue (Tesis 2022965 del Noveno Tribunal Colegiado en Materia Penal del Primer Circuito).

i) Cuando se reclame la orden de aprehensión por delitos que no ameritan prisión preventiva oficiosa.

Para estos casos, el Pleno Regional en Materia Penal de la Región Centro-Sur, con residencia en San Andrés Cholula, Puebla, determinó que los efectos de la suspensión provisional concedida contra una orden de aprehensión por delitos que no ameritan prisión preventiva oficiosa, impiden que el quejoso sea detenido en caso de que comparezca al procedimiento penal para su continuación, aunque formalmente se autorice la prisión preventiva justificada.

Precisó que en términos de los artículos 163 y 166, fracción II, primer párrafo, de la Ley de Amparo, la suspensión provisional concedida contra una orden de aprehensión por delito que no amerita prisión preventiva oficiosa, tiene el efecto legal de que el quejoso quede a disposición del Juez de Distrito en cuanto a su libertad personal y a disposición del Juez responsable para la continuación del procedimiento penal, así como que no sea detenido bajo las medidas de aseguramiento que el órgano jurisdiccional de amparo estime necesarias, a fin de que no evada la acción de la justicia y se presente al proceso penal para los efectos de su continuación y pueda ser devuelto a la autoridad responsable en caso de que no obtenga la protección de la Justicia Federal.

Así, si con motivo de lo anterior el quejoso se presenta ante el Juez de Control para la continuación del proceso penal, éste puede resolver sobre la imposición de medidas cautelares, incluso la prisión preventiva justificada, porque el procedimiento penal no debe suspenderse, pero en caso de autorizar esta última, la misma no podrá ejecutarse, ya que el quejoso se encuentra a disposición del Juez de Distrito por lo que hace a su libertad personal, en virtud de los efectos de la suspensión concedida, siempre y cuando se encuentre vigente.

Indicó que, considerar lo contrario implicaría que la suspensión provisional tuviera una eficacia ilusoria, pues se abriría la posibilidad de que el quejoso sea privado de la libertad aunque cumpla con las medidas de aseguramiento impuestas por el Juez de amparo, esto es, que comparezca ante la autoridad responsable para la continuación del procedimiento, lo que propicia inseguridad jurídica al quejoso y, desde luego, lo desalienta para cumplir con las medidas que le imponga el Juez Federal, lo que no genera más que la paralización de los procedimientos penales.

Conclusiones:

1. Diferencias básicas entre prisión preventiva oficiosa y justificada:

Prisión preventiva oficiosa	Prisión preventiva justificada
1. Prevista en la parte final del segundo párrafo del artículo 19 Constitucional. 2. Su imposición es oficiosa. 3. Atiende a la naturaleza del delito. 4. No está permitida convencionalmente. 5. Está regulada básicamente en la Constitución Federal. 6. Su imposición no requiere mayor esfuerzo argumentativo de alguna parte. 8. Su imposición no requiere de esfuerzo probatorio.	1. Prevista en la primer parte del segundo párrafo del artículo 19 Constitucional. 2. Procede a petición del Ministerio Público. 3. No atiende a la naturaleza del delito, pues puede imponerse esté o no prevista como merecedora de la prisión preventiva oficiosa. 4. Está permitida convencionalmente. 5. La regula la Constitución Federal y el Código Nacional de Procedimientos Penales. 7. Su imposición requiere de esfuerzo argumentativo por parte del Ministerio Público. 8. Su imposición requiere de esfuerzo probatorio.

2. En México, hasta este momento, constitucional y legamente existe la figura jurídica de la prisión preventiva oficiosa.

3. En México, no existe certeza jurídica respecto a si las autoridades judiciales deben aplicar o no la prisión preventiva oficiosa.

4. En México, no se tiene certeza sobre si debe inaplicarse la porción normativa del artículo 19 de la Constitución Federal que establece la prisión preventiva oficiosa.

5. Existe jurisprudencia nacional obligatoria que señala que cuando exista una restricción expresa al ejercicio de los Derechos Humanos en el texto constitucional, se debe estar a lo que indica ésta.

6. Existe incertidumbre sobre si se atiende la resolución de la Corte Interamericana de Derechos Humanos que declaró la inconvencionalidad de la prisión preventiva oficiosa o se atiende la jurisprudencia de la Suprema Corte de Justicia de la

Nación que indica que ante restricciones constitucionales debe estarse a éstas, como pudiera ser la prisión preventiva oficiosa.

7. La interpretación conforme en materia de restricciones constitucionales es exclusiva de la Suprema Corte de Justicia de la Nación.

8. Es necesario que se hagan los ajustes pertinentes a las leyes en el tema de prisión preventiva oficiosa para que exista certidumbre jurídica.

9. Es constitucionalmente obligatorio realizar la revisión de la prisión preventiva al trascurrir dos años de que fue impuesta, independientemente del sistema penal de que se trate.

10. Corresponde al Ministerio Público demostrar la necesidad de que la prisión preventiva se prolongue por más de dos años.

11. La imposición de la prisión preventiva justificada debe partir de lo argumentado y demostrado por el Ministerio Público.

12. La modificación o revocación de la prisión preventiva oficiosa o justificada debe partir del debate que al respecto se lleve a cabo en la audiencia ante el juez de Control.

13. La prisión preventiva puede ser revisada cuantas veces se solicite.

14. La suspensión del acto reclamado debe partir de la fijación clara de éste.

15. En función del acto reclamado y su naturaleza deben fijarse los efectos de la suspensión, no de lo que solicita la parte quejosa.

16. Los efectos restitutorios de la suspensión del acto reclamado requieren de que se cumpla con la exigencia relativa a la apariencia del buen derecho y el peligro en la demora.

17. La apariencia del buen Derecho no puede estar basada en la construcción de una norma jurídica que derive de análisis complejos de normas que abiertamente se contraponen.

18. La apariencia del buen Derecho no puede derivar de la inaplicación de una norma constitucional.

Referencia:

1. Constitución Política de los Estados Unidos Mexicanos.

2. Código Nacional de Procedimientos Penales.

3. Ley de Amparo.

4. https://sjf2.scjn.gob.mx/busqueda-principal-tesis (IUS).

5. Taller sobre prisión preventiva celebrado en IUSTEC, del 9 al 12 de octubre de 2023.